U0033103

推特背包客
twitter.com

我運用社群網站環遊世界

Twitchhiker : How One Man Travelled
the World By Twitter

保羅·史密斯(Paul Smith) 著

蘇皇寧 譯

太雅出版社

目 錄

關於作者

保羅‧史密斯(Paul Smith，推特帳號@twitchhiker)來自英國新堡
(Newcastle)，曾獲索尼廣播製作人獎。目前他在推特上擁有一萬一千
名追隨者，並撰寫旅遊部落格http://www.twitchhiker.com。保羅以推
特背包客旅遊計畫贏得2010 Shorty Award旅遊獎。

推 薦 序

潔蜜瑪奇思(Jemima Kiss)，2010年3月

初夏的某一天，我人在德州奧斯汀正準備前往某個採訪地點。我坐在一輛計程車黏黏的假皮後座上，在上城繞來繞去，眼看著又要遲到了。出門前我因為太擔心該帶的東西沒帶，反而忘了確認一下採訪地點。如果我現在用手機上網搜尋，又要花掉一大筆國外漫遊上網費，所以我只好上推特。一分鐘後，在一則推文的協助下，眾推客救了我一命，提供了正確的地址，也拯救了悲慘的計程車司機。

由於工作的關係，我得經常上網，所以當我在2007年開始玩推特時，我並沒有什麼特別的期望，也不知道有一天我會這麼依賴它。我試過太多的網路服務，如果沒有太大的意義，或是不好用，我並沒有義務要繼續使用，所以，推特到底好在哪呢？

推特的功能包含團體簡訊、團體討論、也具備類似臉書的即時更新功能，和迷你部落格也很類似。乍聽之下似乎很令人困惑，但推特就是

很有彈性，而且不複雜。在過去兩年，推特對於我這個科技記者來說，已經成為工作中不可或缺的一部分了。

推特就像科技智庫一樣，將我和其他對新聞有興趣、有狂熱的人連結在一起，我也可以得知大家的建議，並和大家分享意見。推特也是一個很重要的組織工具，方便和社群中的朋友們安排聚會，甚至在會議中，還可以當作辯論的後援工具。推特上的社群讓你認識更多新朋友，幫助大家保持聯絡。推特也是我工作上的重要媒體，協助我將最新的文章與有興趣且願意追隨我的人分享。也許最值得注意的是，推特的即時性，讓它成為一個揭露最新消息及討論熱門新聞的重要平台。它可以每小時不停發布消息追蹤海地地震，也可以更新英國數位經濟法案(UK Digital Economy Bill)的最新新聞。

我最近面臨了一項考驗。因為生產，我必須休息九個月，在那些寂寞深夜餵哺小孩的時段，我深深覺得推特是我連結外界的生命線。經過種種體驗，我可以毫不猶豫地說，推特是我現在主要的溝通平台。

推特社群的使用者，大部分很理想化且樂觀，這可能是因為，沒有人會追隨一般網路上常遇到的粗魯鬼，或負面的怪咖。推特的社群還不夠壯大，所以使用者之間還能保有親密如家人般的關係，就像福斯金龜車的族群一樣。

但是，沒有一個計畫能像推特背包客旅程一般，得以真正測試推特客的樂觀和社交性。而這項計畫也將我引向我的年輕朋友保羅。

當保羅向我說明他的計畫時，有那麼一刻我深深覺得，「真希望這個點子是我想出來的」，但這不只是因為我幻想能夠再去一次紐西蘭。當保羅的旅程展開，我觀察著這個獨特的點子慢慢成長，大家透過這個現代科技連結在一起，開始以自己的方式提供一段便車、一夜住宿、或

是一趟渡輪、或是……和麗芙泰勒一起派對狂歡？我還是不確定他到底
是怎麼辦到的。

當我在德州奧斯汀的SXSW西南嘉年華上遇到保羅時，他已經在前
往紐西蘭的旅程中走了將近一半。在那個油膩膩的烤肉餐廳中，當他狼
吞虎嚥嗑完一盤肋排和豆子，看得出來他真的是一步步走過八千公里的
旅程，保佑他。我忍不住納悶，他是否會對這個計畫感到後悔，但是看
來他非常堅持。我從不懷疑他終究會抵達目的地。

正如保羅以他獨特的方式所說：他證明這世界上並非充滿了強暴
犯和混蛋，而且他還完成了一件永遠值得做的事——籌募慈善基金。但
是，他成就的其實更多，因為他激發了我們的想像力。這項計畫的內
涵，也對傳統的友善慷慨進行了一次試煉。如果一個有力的新科技平台
能夠為這個世界重新帶來一點點光明和愛，這就是一件很美好的事。真
的是一件很美好的事。

Chapter 1

我怎麼會在這？

這是個安靜無聲的夜晚，一片死寂到連鬼魂都想上床睡覺，而我則無法入眠。我已經兩個禮拜沒有一覺到天亮了。有時候是因為我不想睡，有時候則是因為我不能睡。不過，我很確定這次的罪魁禍首是床墊。

先不管品牌，這張折疊床實在不怎麼樣，雖然是希爾頓飯店所提供的。與其說它是床墊，不如說是一床生鏽耗損的彈簧，裝在一袋潮濕的布包裡。其中一個彈簧試圖猛戳我的身體，但是我毫不就範，乾脆坐起身透過窗簾往外看。就像其他黎明前的市中心，奧斯汀也是一樣毫無動靜，偶爾只見車燈在大樓間閃著。在這德州首府中的希爾頓飯店十二樓，有個憔悴的禿頭男蜷縮在黑暗中。

「兄弟，差不多該起床了。」

這聲音屬於一位先前沒提過的挪威紳士。他也在房間裡的床上，不過不是我的床，是幾呎遠的另一張真正的床上，上面還有真正的枕頭和真正的床墊，膨鬆柔軟，裝著羽毛、獨角獸的頭髮、和小貓咪。現在還

來得及把他殺了占據他的床。我按著我的手機，五點半。有人隨時會打電話進來，這時候才要進行謀殺讓血染床單是不智的。電話真的來了。

「嗨，保羅，」一個叫席德(Syd)的電視製作人說。「睡得好嗎？」

「很好，」我說謊。

「太好了。我們這裡快要準備好了。」

「我們也差不多好了，」我又說謊，看著窗外的奧斯汀，左邊的睪丸掉在我的短褲外面。「待會兒見。」

熱水鬆開了我肩膀的關節，但是幫不了我的胃。我從背包裡試圖找一件看起來不像是塞在摔角選手袋子裡一個月的衣服，結果找到一件適合這個場合的紅色T恤。襪子只連續穿了兩天，所以還算乾淨。兩天前在威奇塔的停車場，一個叫辛蒂的女士捐了三件內褲給我。選一件合適的長褲更簡單，因為我帶的三件褲子中的一件，五天前掛在一千六百公里以外芝加哥旅館的衣櫃裡，現在應該還在那裡。

「來吧！」說話的是麥特，也就是先前提到的挪威紳士，他有著英國柴郡口音。「讓我們看你在鏡頭前當個傻瓜吧！」

麥特和我的第一次見面就是在這個飯店內，二十四小時之前。我在之前不到十二個小時才決定和他共宿一晚。也就是說，不到兩天前，我們彼此還是陌生人，但是現在我們陪伴彼此穿過安靜的走道，搭乘電梯下樓，放輕腳步經過接待櫃台來到大廳。前一晚，一群穿著戲謔文字T恤的二十多歲年輕人，發出陣陣喧鬧聲，現在，三人一組的製作團隊忙著固定地上電線，撕裂膠帶的聲音取代了之前的喧鬧聲。比德州陽光還強烈的燈光打在房間中央的一張椅子上。製作人席德要我坐在那，望向光源，同時把麥克風和耳機穿過我的T恤藏在耳後。

「早安,保羅。你今天看起來神清氣爽,」一個興奮的嗓音進入我的耳朵。聲音的主人有個很美式的名字泰德溫納(Ted Winner),他是個製作人,在紐約的時代廣場跟我聊過。「再次感謝你在星期天一大早接受我們的訪問!」

「不客氣,」當化妝師在我臉上撲粉時,我又再度說謊。「只是好奇,有多少人會收看這個節目?」

透過耳機,泰德彷彿脫離軀體的聲音暗示了一個數字,像是科學家在胡扯銀河系是由多少顆星星組成,或是一整圈起司是由多少原子所組成之類的數字。那不可能是真的。他應該是說幾千人吧,或是幾萬人。眼前這個情況似乎沒什麼道理。我無法理解:

(a) 我在星期日那麼早起到底是為了什麼?
(b) 為什麼別人在這個時候也這麼早起,難道是有火災嗎?
(c) 當觀眾可以在另一個頻道連續看好幾集的《CSI犯罪檔案》時,何必要來看我的訪問呢?

「見鬼了,真的嗎?」這是我思考過後的回答。「今天是不是沒什麼新聞?」

「嘿,你就是大新聞,保羅,我們真的很幸運能訪問你。」我想,諂媚的確可以讓你飛黃騰達,除了在週日早上五點五十分。

「緊張嗎?」泰德問我。

「你問了以後我才開始緊張。」我回答。

「別緊張,沒事的。」

我即將要出現在數百萬人面前,登上美國廣播公司的早安美國節

目,而且從德州奧斯汀實況轉播。十四天前,我還在八千公里外的英國東北部家中烤約克夏布丁。十四天內我的世界變成了只有旅行,生活中充滿值得信任的陌生人,而更多的未知正等著我去發現。我將跟隨A咖名人同歡、讓大明星空出VIP包廂給我、欣賞地球上最偉大的自然奇景,但是都穿著同一條內褲。

　　我到底是怎麼混到這裡來的?

Chapter 2

寂寞又親密的推特生活

當我們打算辭掉一個讓我們覺得漸漸賠上健康、感覺悲慘、或是怒氣沸騰到想找個修女來捶一頓出氣的工作，我們會祈禱管理階層能夠及時發現他們的行事有誤，並求我們繼續留下來工作。我們希望老闆崩潰且痛哭流涕，雙膝下跪，像被遺棄的小孩一樣雙手緊緊抱著我們的大腿，哀求我們再考慮一下，還打算給我們一大布袋滿出來的現金。

我們幻想自己是不可取代的、不可拋棄的、是企業機器中一個關鍵的齒輪。我們知道我們的離去會讓公司走向末路，讓負責的管理階層在潰爛的低谷中燃燒，而我們則發自內心狂笑，躍向光明的未來，成為耀眼的明日之星。

不論在什麼情況下，我們最不想看到的就是老闆像電影《天外魔花》(Invasion of the Body Snatchers)最後一集裡的唐納蘇德蘭(Donald Sutherland)一樣指著門口對我們咆哮。也不想開始懷疑當初他們為何要雇用我們。更不想採取一些行動，卻反而更突顯自己過去對公司實在毫無價值和貢獻。

在這兩種可能的情況之下,當我決定辭掉待了十二年的廣播產業,你就一點也不會感到意外了。

我在十四歲的時候愛上廣播,那時候我的朋友們則沉迷於違法飲酒和釣馬子。我一直到十七歲才得到我的初吻,而那時候我有幾個同學都已經當爸爸了。我整天忙著在醫院的廣播電台當義務DJ,根本沒時間把自己搞得爛醉。我穿著我爸的運動夾克,在廢棄的後院和達靈頓鎮中心的小巷中消磨時光。能夠和我的死黨安卓亞(Adrian Taylor)分享一罐啤酒,這就是我最狂妄的青春年少了。

當我對廣播的熱情燒得正熱,我對學業的興趣則快速蒸發;我在里德大學(Leeds University)上了兩個月的天體物理學後,顯而易見的:

(1) 我對當科學家沒什麼興趣
(2) 如果我再繼續上下去,我永遠都沒得打砲

於是,我放棄我的學位,開始發展我在地方電台的職業生涯,從無給職的打雜工開始,很快地進階成為無給職的佣人。我也有主持廣播節目的機會,但是我腦袋運作的速度比嘴巴運作的速度快上兩倍,而且我老是吃螺絲。儘管如此,我還是感到很滿足,因為我的想法得以由麥克風傳送出去。

後來我認識了一個當地的音樂家朋友叫強克比(Jon Kirby),他是個金髮藍眼、無憂無慮的人,笑話一籮筐,整天笑哈哈,聽說是達靈頓市收藏最多Razzle雜誌(英國輕色情雜誌)的人,也曾跟著「隕落之星」(Dubstar,英國樂團)一起光榮登上暢銷歌曲排行榜。強克比很快就成為我晚間廣播節目的固定來賓,和我一起評論新專輯。我們最具洞悉力的

評論，可能是針對當時沒沒無聞的辣妹合唱團(Spice Girls)的第一張單曲所做的評論。她們就像背部剃了毛的一袋貓咪一樣，發出完美的電音噪音。我們毫不猶豫就排除了她們日後成功的任何可能性。這種直覺可是花錢也買不到的。

那是個特立獨行的年代，排行榜上都是獨立製作的音樂稱霸，英國則發現他們又能踢足球了(只要你覺得沒有贏得任何比賽也無所謂的話)，而我在登上達靈頓及史塔頓時報(Darlington and Stockton Times)的第十一頁後仍然是個舉無輕重的小咖。接下來的十年，我混過全國各地十個電台，當過廣播節目製作人、節目編排、和節目經理。其中引以為傲的高潮，包括幫強尼凡加斯(Johnny Vegas，英國喜劇演員)和休羅利(Hugh Laurie，英國全方位藝人)寫劇本，請李察貝肯(Richard Bacon，英國電視及廣播節目主持人)上我的節目整整五個禮拜。不足一提的低潮，則包括一早上班就和英國廣播公司當地早餐秀的泰利克利斯(Terry Christian，英國知名電視及廣播主持人)吵架，而且是在他的節目前、節目中、節目後都吵上一回。儘管如此，我還是只能想像自己在廣播電台工作。我熱愛廣播的一切──廣播的多元性和即時性，廣播的溫暖和親密感。

在此同時，我的朋友強克比離開了作曲家的生活，加入了一個當地商業電台的行銷部門。我們曾經幻想能夠再度合作，當我在英國廣播公司的利茲(Leeds)當地電台擔任製作人時，我的編輯約翰萊恩(John Ryan)突然要我主持一個每週一次的節目，並答應強克比和我一起主持。

於是，強克比和我磨拳擦掌，打算嘗試所有我們幻想多年的無厘頭主題。我們最喜歡的主題無疑是「我媽比你媽聰明」。內容主要是用各式各樣的問題來考問對方的媽媽，看看到底下禮拜誰才有資格繼續臭屁

下去。事實證明通常都是我媽比較有娛樂效果——一方面因為她不斷跟強克比打情罵俏，一方面因為她跟一群猴子一樣瘋狂：

強克比：「好，席拉，第一個問題。什麼動物同時也是一種鞋子？」

席拉：「什麼種什麼?」

強克比：「動物」

席拉：「……是一種動物？」

保羅：「是一種鞋子，老媽。什麼動物同時也是一種鞋子？」

席拉：「我不覺得我知道答案。」

強克比：「想想看小熊維尼，席拉」

保羅：「他常常幫你忙，不是嗎?」

席拉：「我知道啊。」

保羅：「不是，我是說他總是幫忙，他總是在幫忙。」

席拉：「他怎樣？」

保羅：「依呦，老媽，依呦！」

席拉：「喔，依呦！」

保羅：「對了！」

席拉：「答案是驢子嗎？」

強克比：「答對了，席拉，答案就是驢子鞋。太棒了。」

後來，我去東北部的一家區域性電台上班，管理電台的主持人。我毫不猶豫就指定強克比在我缺席時當我的職務代理人。我們變成最要好的朋友，我一輩子都信任他——我知道如果他遲到十分鐘，可能會拿路

上堵車來當藉口，但是他一定會出現的。我們幾乎掌管了這個擁有兩百萬聽眾的電台，預算也還算寬裕，所以我沒事就到最愛的酒吧晃晃，幻想一個電台的全新黃金年代，幻想一個充滿個性和創意的電台。

可是，我們終究沒有真的開始圓夢，因為我實在低估了管理階層的要求，也低估了那些不得不應付的政治遊戲。我只想用令人興奮的廣播節目來贏得聽眾的喜愛，而不是來搞政治或是安撫管理階層的狂妄自尊。我每天不是為了天馬行空的創意和過多的活動忙得團團轉，就是像個悲慘的小孩終日掛著一張搖尾乞憐的狗臉。

十個月後，這個角色讓我徹底投降，我對廣播的熱情也消失殆盡。我完全沒料到會變成這樣，從來沒有一個明確的關鍵時刻出現，只是慢慢的、慢慢的、我只看到更多的負面，取代了好的面向。於是，我都還沒想到怎麼付貸款的問題，我就辭職了。我的老闆，一個對泰式酸辣洋芋片上癮的高挑女士，照理說應該要對想辭職的資深經理假裝一下她的深切遺憾，但實際上她只表現出一點點抗拒，根本就沒有憤怒，或是一絲絲沮喪，以及挽回的意願。她只想著她的酸辣洋芋片。總而言之，我的老闆一點也不在乎。

我還是得向老闆的老闆解釋我的決定，他在我跟老闆談過的幾個鐘頭後突然出現。我在踏入廣播圈之後就欣賞這位聰明且廣受尊敬的廣播老將，他對這個行業也非常了解。但是當我第一天進到這家電台開始，他就讓我幾乎窒息。他不容許我有從錯誤中學習的機會，用盡一切防備措施；於是我開始感到沮喪，最終導致衝突和怨恨。

我們的談話短暫且切中要點。他的面無表情和不在乎，讓我明白我的離開不會有人想念，也不會是帶著榮耀離去。當我提到我工作上的挫折和嘗試創新的阻礙時，他簡直是把我的腸子挖出來，然後灑在地

毯上。

他說：「發揮創意不是你的工作，是我的。」

喔。原來我和強克比的偉大計畫，那些企圖讓電台發光發亮的想法，其實根本就不可能實現。我咬緊牙根，希望我胸中的激憤不至於引發我的淚水。

待在電台最後的那幾個悲慘的日子，我加入了一個叫做推特(Twitter)的社群網站，那是2007年10月20日晚上九點五分。前幾週我幾乎很少上網——我還忙著釐清自己到底是怎麼一回事。我只知道我必須要擁有控制權，所以不論我有什麼想法——不論多蠢或多麼容易失敗——都不該只是個白日夢。

好幾年前，我就渴望一段史詩般的冒險之旅，遠在我有勇氣走出我的廣播生涯之前。當時我正在泡澡，那是2004年9月一個平凡的週六下午。在我三十年的地球生活中，如果我有任何足以稱道的成就，就是我可以一口氣泡在浴缸中好幾個鐘頭，而且很有技巧地用腳來控制水龍頭。我只有在真的騰不出半天時間，或是已經聞到自己身體發臭時，才會以淋浴代替。泡澡其實是一種紳士的活動——一種帝王般的奢侈活動，整套享受還要搭配一杯清涼的1988年克魯格香檳和一本期待已久的傳記，或是一罐啤酒配上免費的報紙。

就在那個週六下午，慵懶的秋日陽光照進浴室的貼花玻璃窗，我的肚子上攤著《麥卡錫酒吧》(McCarthy's Bar)這本書，驚險地高出浴缸水平線邊緣。彼特麥卡錫(Pete McCarthy)以他在第四頻道一系列的旅遊誌

節目知名，他出的第一本書就賣了超過一百萬本。《麥卡錫酒吧》是一本精彩絕倫且個人風格十足的遊記，記錄了他在愛爾蘭窮鄉僻壤旅遊的足跡。想像他背著帆布背包在愛爾蘭鄉間探險，尋找愛爾蘭道地的傳統酒吧，而不是忙著用泡棉綠帽慶祝聖派崔克節的那類膚淺酒吧，你很難不愛上這本書。我只有在十幾歲的時候和我爸媽去過布拉瓦海岸(Costa Brava)。我也去過幾天埃及，印象不是太好。一是因為我們參觀的是類似印地安那瓊斯去的廟宇和難懂的古埃及象形文字，二是因為食物中毒和接下來的腹瀉。

那天下午我消化了很大篇幅的《麥卡錫酒吧》，幻想我灌著比濃湯還濃的黑啤酒，和當地人跳著輕快的捷格快步舞。然後我讀到麥卡錫解釋為何英國文化缺乏像美國公路旅行這種永恆的傳統。雖然他的解釋不是什麼驚人的見解，但我確實從來沒有想到過——單純只是因為英國的公路沒有像美國一樣，同一個方向可以綿延又長又遠。從蘇格蘭的鼻子到康沃爾(Cornwall)的尾巴，開車只要十五個鐘頭就到了——一點也稱不上是史詩般的旅行。

我把我的左腳跟勾在熱水龍頭上，開始思考要如何面對這個英國地理上的挑戰。直到浴缸中的水冷掉的時候，我已經有答案了。公路旅行想要又長又久是絕對可能的，只要你把旅行的速度放慢。我只要選擇一種本質上速度像在爬一樣的交通工具就好啦，例如牛奶車(配送牛奶用，通常為小型電動車)！於是接下來的一個鐘頭我又開始幻想我的旅程，經過鄉間小道，走過如畫的小村莊，在釀酒廠暢飲道地的小麥啤酒，然後一邊八卦，一邊欣賞酒廠裡忙著榨啤酒的大胸脯女工。

冒險開始！終於，我爬出浴缸，發現沒有浴巾可用，於是我光溜溜地穿過房子到櫃子上拿了一條毛巾，擦乾後穿上衣服，打開我的筆電，

搜尋二手牛奶車的價格。天哪！一台竟然要價兩千英鎊，而且，還在上整天班的我根本就沒有一、兩個月的休假可以開這輛車。所以我把這項計畫又放諸腦後，回到我極盡嘲諷的廣播工作。

彼得麥卡錫在一個月後因癌症去世，那時他才五十二歲，早得令人憤慨。他的著作打動了我，激發我旅行的動機，接下來的幾年間我開始考慮這個世界上的各種可能性。我第一次到美國旅行，就和紐約結下了不解之緣。那是個爆炸性的城市，充滿活力，每個角落都是一段冒險。我的足跡遍及布魯克林和布朗克斯的偏僻小巷。常去的酒吧有地獄廚房(Hell's Kitchen)和魯迪酒吧(Rudy's)，後者位於44街和第9大道交叉口附近。只要去過魯迪酒吧，包你永難忘懷——店外矗立著真人大小的迪士尼小豬雕像，白天或是你清醒的時候，絕對不會想要進去。裡面是黑色的天花板，未經處理的磚牆，突出的紅色霓虹燈。廁所裡亂得不像話。答應我，到了紐約一定要去看看。

當我告別我的廣播生涯，我在大西洋岸的娛樂生活也跟著停止。最初的幾個月，我除了上下樓梯外，幾乎足不出戶，而且我重新將自己定位為作家。我開始幫衛報(The Guardian)寫部落格，這個半固定的工作雖然不足以支付我的帳單，但是頂著衛報的光環和潛在雇主面談還是挺好的。後來我成為自由作家，意思是我可以穿著睡袍和拖鞋在家上班，既不用刷牙也不用穿內衣。我的辦公室就是餐廳的一張書桌，我在這寫文章、寫部落格，不時打開旁邊的冰箱，頻繁的程度可能是營養學家所無法接受的。

結局是，我的生活幾乎依賴寬頻而存在。這是一種充滿情感且令人不安的關係，尤其當連線有時會在截稿前夕突然斷掉。這幾乎等於癱瘓，但又不能乾脆拋下一切到佛羅里達去和海豚共泳，我只好施行連線

急救，把連線關掉再打開，把所有電源拔掉再接上，把軟體移除再重新安裝。當英國電訊和天空電訊互相產生矛盾，又不知道到底該怪誰時，我常常得花幾個鐘頭在電話中纏鬥，極度沮喪之下，我只能雙膝跪下向上帝和耶穌禱告，希望我的寬頻能夠快快復活。這顯然不是最佳禱告議題，反正上帝也不會真的採取什麼行動。

失去寬頻，生命也失去了意義——我無法和周遭的世界溝通。我是一個在2D人類世界生存的3D人，就像科幻電影《電子世界爭霸戰》(Tron)中的傑夫布里吉(Jeff Bridges)。最大的損失不見得是我無法工作，而是我無法上推特。辭職之後，我上推特的頻率越來越高，幾乎要上癮了。凌晨一點四十五分、在車上、泡澡時、上廁所時，我都在上推特。事實上，我上廁所大部分的時間都在看別人在推特上給我的留言。上廁所越上越久最終導致我長痔瘡，好處是我不用再花錢訂電影雜誌了。

如果你從沒用過推特，容我稍微說明一下：推特讓你在網際網路上刊登簡短的更新推文，字數限制在一百四十字——推文可以是你現在心中所想，或是最新活動，世界上所有人都能看得到。一開始這聽起來像是沒什麼意義的事情，把短暫聊天再縮到更短。誰在乎你午餐吃了什麼？這世界真的想知道你對《誰是接班人》(The Apprentice，美國一個實境影集)的評論嗎？

然後，我想到一件事，推特不只是單向傳播，也是雙向對話。你可以對某個網站發表評論，也可以對一個新的故事或三明治的內餡發表評論。如果看到的人夠多，他們也會回覆他們的評論，他們的新聞，甚至發表七種更棒的三明治內餡製作方法。你可以追隨別人的想法，別人也可以追隨你。如果你的追隨者多到某種程度，那任何對話、新聞、或推文的交換就會變得令人上癮，而且絕對必要。

　　以我來說，推特把我從孤立的自由作家工作中拯救出來，提供我一個全新的社群生活，擁有其他作家組成的社群支援，提供我豐富的寫作靈感，給我這個特約編輯那些原本屬於專職編輯的寫作機會。

　　推特也改變了我以往和其他人的溝通模式，包括國內和世界各地的人們。當我發現我正在窺探別人的生活時，一個想法閃過我的腦際——一個只從網路上透過簡短推文認識我的陌生人，會歡迎我到他家作客嗎？我可以透過這個社群網站環遊世界並拜訪這些人嗎？一個推特使用者——推特客(Tweep)——會願意為另一個推特客奔波多遠？我可以把我的生命交在他們的手中嗎？

Chapter 3
公開且沉默的發洩出口

狂飲了一夜的啤酒之後，我的宿醉有如身在地獄一般，腦袋中彷彿有一千個瘋子在哭喊狂搔，想要得到甜蜜的解脫。我頭重得不得了，讓我在這個週六早上幾乎爬不起來，而我的懲罰就是得和一群活人在特易購(Tesco，英國知名大賣場)共度午間時光。週末到大賣場購物只有一條、也是唯一的一條鐵律，那就是早到早走——早上九點前就該買完走人，且如軍事紀律般確實遵守——否則你的風險就是遇到一群將會毀了你一整天的人，尤其是：

(a) 那些沒有準備購物單的人，所以得打電話回家逐一確認每個項目

(b) 老人，尤其是老年夫妻檔

(c) 家庭主婦，她們會把娃娃車停在冷凍櫃前，然後才想起來忘了拿紅蘿蔔

(d) 帶了一個以上小孩的夫妻檔

(e) 任何只是因為想出門所以才到大賣場的人

(f) 那些不懂藍芽耳機只是在車上用的司機

還有，看我心情好壞：

(g) 所有其他人

　　在特易購大賣場的停車場繞了二十分鐘後，我原本就很差的心情變得更差了。這二十分鐘我咒罵了一個占了兩個車位的混蛋，快搶到一個空位時卻在最後關頭被另一個混蛋給倒車入庫。這個醜陋的停車場似乎冷眼看著我玩貓捉老鼠的遊戲。這個停車場在麥可肯恩(Michael Caine)的電影《追捕卡特》(Get Carter)中成名，被一些知名建築師譽為「充滿文化底蘊」的結構體，只是這些建築師不需要住在這裡，每天看著這棟讓眼睛脫窗的醜陋建築。這是一棟矗立在悲慘天空下的悲慘建築，它的存在此時令我怒上加怒。

　　當我每天上推特的習慣持續了將近一年之後，我把推特當成我的出氣口，和別人一樣。這是個具有療癒性的行為，能夠公開且沉默地發洩。今天也是。我好不容易才擠進蔬菜區，正打算拿紅洋蔥時，就被一個拄著拐杖的人給擋住了。他的四肢伸展開來就像小長頸鹿穿著直排輪鞋。他的老婆在他旁邊，倒開電動車剛好輾過我的腳。我知道我的喉嚨肯定會發出聲音，但是在我的腦袋控制下只發出無聲的「粗魯的賤人！」當我開始猛按手機時，推特當然也得知了我的沮喪。

---

paul_a_smith 週六午間，第七層地獄持續交會於地球和特易購大賣場間，為什麼非得現在試乘你的電動車呢？天哪！

1月31日下午1:04

也就在這段期間，英國媒體開始對推特產生興趣。在兩位名人的加持下，媒體開始關注推特，但方式不同。第一位是史蒂芬富萊(Stephen Fry)，他在2008年7月15日上推特註冊成為會員，對於推特的貢獻有如橙醬之於鴨子。我的朋友安迪說得好，富萊是全國最受喜愛的叔叔——他是英國文化的知性楷模，喜歡喝茶，喜歡射飛鏢。他在喜劇、電視、科技、文學、以及藝術方面的才華，在推特上號召了一群忠實的追隨者。當富萊在推特上發表推文，就會引發他的追隨者和媒體熱切關注。

四個多月後，也就是2008年11月30日，英國電視及廣播主持人強納森羅斯(Jonathan Ross)也成為推特會員。對新奇事物及發明一向著迷的富萊，開始嘗試推特這個新社群時，羅斯則在無意中發現自己因為涉及一樁惡名昭彰的廣播惡作劇事件，招致數千人群起抗議，羅斯也因此被英國廣播公司停職。從此他銷聲匿跡，很少再有他的消息——直到他一個月後加入了推特。媒體在推特上發現他的蹤跡，於是狗仔小報很快就從推特上登出的推文，發表了聳動的頭條，鋪天蓋地而來，不可避免的也為推特創造了媒體關注。當羅斯的停職令解除後，他回到他的電視談話節目中，和他的來賓富萊討論起推特，英國上下於是為之瘋狂。

媒體對於推特一向不爽，因為他們必須報導一個他們自己也不甚了解的現象。每當記者嘗試形容推特，總是避重就輕，完全忽略了推特雙向分享及溝通的本質。

這個狀況在薩勒柏格機長(Captain Chesley Sullenberger)成功地將一架商用客機降落在紐約的哈德遜河上，得到了改變。這個新聞不僅像十年前一樣馬上登上電視和廣播頭條，也像兩、三年前一樣登上網站新聞，同時也登上了一則推特推文，還附加了一張照片，上面是機上乘客們站在將要沉默的機翼上。

> **jkrums** 有一架飛機在哈德遜河裡。我正在前往救援那些機上乘客的渡船上。誇張吧。
>
> 1月15日下午3:36

　　這則推文和照片隨即被全世界數十萬的推特客瘋狂轉寄；這個名叫傑尼斯(Janis Krums)的觀光客是全世界第一個公開這架飛機照片的人，而此時紐約時報雖然與哈德遜河近在咫尺，他們的新聞卻要等到隔天才會被讀到。

　　我個人使用推特的方式十分普通，通常是有些觀察性，會話性，在這個例子上則是療癒性。當我透過和其他推特客的分享，將壞心情一掃而空後，我成功地把一袋紅洋蔥丟進推車，然後來到最後一排商品架，發現一個帶著五個小孩的媽正在狂吼，五個小孩則在香腸區周圍形成一道人牆。我覺得壓力很大，五個小孩的媽也是，但是五個小孩一點感覺也沒有。

　　到了麵包區，我開始真的抓狂。推車擠成一團，如果沒有電鋸或是炸彈，根本無法通過。一群人擋住了通道，交換著鄰居的八卦、出國旅遊的故事、還有他們對經濟不景氣、天氣、社會崩壞、雪柔(Sheryl Cole，英國知名藝人)、及任何其他主題的見解，而我只能眼巴巴望著遠方他們頭上的法國麵包。

> **paul_a_smith** 這裡不是社交俱樂部，各位。當你們正在緬懷過去生活多麼美好時，麵包區正呈現一片靜止狀態。拜託大家動一動吧。
>
> 1月31日下午1:19

就在此時我開始做白日夢，留下一部分的我，繼續徘徊在熱狗麵包區附近，讓便衣偵探有些緊張。我到底在這裡幹嘛？我真想拋下推車一走了之。但是要去哪？哪裡都好，無所謂。還是坐著牛奶車旅行去吧？算了，想想別的主意。我曾經想到過其它什麼好點子啊？推特。運用推特來環遊世界，對了，就是這個。我為何不試試看呢？靠著這些從未謀面的人，我可以旅行多遠呢？靠網路執行可能嗎？我會不會被分屍然後丟到水溝裡？

我的憤怒慢慢退去。我有個好點子了，而且不是毫不可行的點子。我要當第一個世界推特客！世界推特。一個推特旅行家。不對，我知道了，我要當一個推特背包客，而且我要嘗試在三十天內盡可能遠行，而且只靠其他推特客的善意支援成行。這是我一個鐘頭以來最荒謬的點子，不過是最溫和的，而且我沒有任何藉口不去試試看。

為什麼？我們每天都有上打的點子，而有時候其中會有一個是獨特且美好的。大部分的人並不會去執行，總是拿工作、家庭、銀行存款、或是其他理由當藉口。直到幾個月後當別人想到同樣的點子而且有勇氣去執行，我們再來咬牙切齒沮喪不已。這種故事是否曾經發生在你的身上？

我不容許這種事發生在我的身上。我曾經承諾自己，一旦我有個偉大的點子，我一定毫不遲疑去執行，除非我說服自己不該如此。我一定要盡力讓夢想成真，才不至於悔恨終身。

我將成為一個推特背包客，這將是一場偉大的冒險，一場無厘頭的瘋狂冒險。我唯一需要做的，就是跟我的老婆珍好好說明一番。

我和我老婆已經結婚四個整天了。

我拿了一桶班傑瑞(Ben & Jerry's)冰淇淋和一袋薯片為我接下來的

談判增加籌碼，但是得先把被分屍的可能性和婚姻是否能持續的疑慮先排除在外。

Chapter 4
整死自己的遊戲規則

我啟動自動模式完成了最後的購物行程，但是忘了買最重要的垃圾袋和貓食。我的身體還在特易購，但是我的心思早就飄向遠方，到了南半球的某處。那裡的人們和善，而且對於那些急需以異國麵包滿足他們中產階級造作的心態，甚能理解。推特背包客的點子在我腦中不停迴旋，就像一顆白色炙熱的鋼球從我的神經突觸和腦中迸出。

結帳後，穿過停車場，開車回家——我開始為我的荒謬點子編織細節。到底該如何執行？我如何說服別人支持我？我怎樣才能避免撞上前面的福特車？

我要不是沒注意到號誌燈轉紅，就是被那輛很適合在路上奔馳的福特車給嚇到。我想應該是後者，因為我根本沒有專心開車，而且還活得好好的。事實上，我越來越常在開車時恍神，忘了自己到底是怎麼到達目的地的。你開始發現在看電視或是和客服人員對話時，會有這些喪失意識的片段。就是這樣，遊戲結束——你正值三十多歲，你的記憶力喪失，你的耳鬢開始出現白髮，你開始無法判讀二十五歲以下年輕人的實

際年齡。我三十三歲,但是感覺步入中年,看起來像是《法櫃奇兵》最後一集裡雷諾雷西(Ronald Lacey)飾演的光頭納粹。或許這是為何我如此迷戀推特背包客這個點子的原因;我試圖否定我的年齡及責任,如果我不可避免地撞上前面的福特車,這些就都一點都不重要了。

我突然猛踩煞車,結果車子在油油的路面上打滑,衝上護欄,千鈞一髮之際差點就撞上那輛老爺車。由於我的疏忽差點釀成大錯,於是我做了最最適當的反應——攤開雙手輕輕聳肩,帶著一臉遺憾。對方則向我豎起中指。

旅行中的瀕死經驗——這肯定是我得事先做好心理準備的部分。我真的要把我的性命交給網路上的陌生人嗎?或許他們是很普通而且很好相處的人。或許他們蒐集手榴彈,或是擁有一件手工拼製的肉做的衣服。不過不太可能啦,對吧?

如果我打算旅行三十天,我得想一些辦法讓大家持續對我的旅程感到興趣。我必須要製造一個不確定因素,例如我隨時都可能失敗,且任憑處置。我必須為這項世界冒險之旅訂定一些遊戲規則,就像我必須買衛生紙一樣,可是他們還在特易購的商品架上。我在偉大的幻想中雀躍不已,卻忘了我生活中最急需的食物。

當我從車上卸貨時,才發現我忘了買牛奶。這時我的腦袋裡滿滿的點子,爭相吸引我的注意。藍圖似乎逐漸形成,我只需把它從腦袋裡拿出來。每當我寫作時,如果腦子亂成一團,我就會把指尖放在太陽穴上猛彈,然後將手指朝電腦的方向彈去,彷彿試圖把這些雜亂的想法導向電腦,彷彿將我腦中的字句取出,然後轉到電腦螢幕上一般。而且我不會只做一遍,我會不斷重覆。不過這只能為我的沮喪帶來短暫的安慰,而且對靈感枯竭一點療效也沒有。當時我正在院子裡,站在開著行李廂

的車前，用力彈著我的手指頭，從太陽穴彈向頭上的天空。這看在少見多怪的25號門牌八十三歲的多卻斯特太太眼裡，我不是得到市政府贊助正在表演戲劇，就是印證了她多年來的疑慮——我是個精神病患。

我已經等不及了，冰淇淋只好先放在廚房裡融化成泥。我坐在書桌前，擺出沉思者的姿態，瘋狂彈著我的手指，試圖決定到底要從何開始。然後我突然想到，或許我應該先決定要在哪裡結束。在三十天內旅行到最遠的地方這個想法，缺乏一個明確的結束點——一個需要支持的計畫，必須有一個清楚的目標，所以我應該瞄準地球的另一端。

我連到EarthTools.org，一個替Google Maps標明地理座標的網站。然後打出我在蓋茲赫德(Gateshead)的地址，結果得到北緯54.39度，西經1.59度。我很快在信封背面計算一下，然後橫跨地球到南緯54.93度，東經178.41度——也就是我坐的地方的相反位置。那裡沒有一條明確的街名，也沒有建築物，只有一整個螢幕的藍色。我把地圖縮小，縮小，縮小，再縮小，終於出現紐西蘭南部的尖端。我轉換成衛星圖，結果看到更多藍色，不過是一種深藍色，墨藍色，表示海深處可能藏有海怪，或是幾百世紀以來就沉沒於此的廢墟。沒有道格麥卡路(Doug McClure)和他的潛水設備支援，我可不想到那裡去。

我穿過海峽尋找最近的陸地。在南緯52.54度，東經169.12度終於發現陸地地。那是個不規則的形狀，看起來像個漢字，而且小小的——直徑不超過十五公里。一個名字終於出現；坎貝爾島(Campbell Island)，兩世紀以前由雪梨坎貝爾公司擁有的船隻船長哈索柏(Frederick Hasselburgh)發現，之後的幾年，很多人到島上的香草園探險，不適應那裡險惡的氣候，並屠殺當地海豹，後來又用魚叉獵捕附近的鯨魚。當捕殺擁有柔和棕色眼睛或擁有噴水孔的動物不再得到滿足，19世紀的冒

險家開始引進家畜，同時也帶來了堪稱全世界最嚴重的鼠疫，危害當地原生的野生動物，甚至使多種鳥類瀕臨絕種。直到20世紀，大家驚覺到事情的嚴重性，於是宰殺了當地的牛群和羊群，並投下數百萬的資金，消滅這些有害的鼠輩，之後，這個島被聯合國教科文組織認定為世界遺產。

　　贏家產生。距離紐西蘭最南端六百公里，烏鴉從蓋茲赫德得飛一萬八千八百四十七公里──如果沒有累死的話。坎貝爾島成為我的目的地。陌生人是否支持的疑慮，顯然對我還不足以造成威脅，我竟然還想到一個連老鼠都不受歡迎的偏遠之地。但是，如果愛麗絲的皇后在早餐前都能相信六個奇蹟，那麼在傍晚前促成一對佳偶肯定是兒戲。當一部分的謎團得到解決，我回到廚房，發現憤怒的老婆正在把融化的冰淇淋倒進水槽中。

　　我的挑戰需要訂定規則。怎樣才能確保大家會注意到我的創舉？更重要的是，怎樣才會激起大家對這個瘋狂計畫的好奇心？我怎樣才能在行動開始前和開始旅行的三十天中，讓大家持續關注這項冒險？這其中應該要有風險的因素，讓大家了解這場冒險中任何事都不是確定的，而且在某個時間點，大家的參與將會決定我的命運。我打算泡個澡好好思考這些規則，但是當靈感湧現，我都來不及打字了：

❶我只能從推特上接受旅行或住宿的支援，不論是從個人或企業而來。
　　我想測試在社群網站上建立的關係，是否帶有真正的情感和實際

的價值,而不希望要求朋友向他們的朋友或家人尋求支援。另一個重點是,大家將決定我旅行的時間和地點,而非由我決定——我不能在任何時候要求特定協助。

❷我只能把錢用在食物和飲料上,我買的東西只能在行李箱裝得下的範圍之內。

　　一張公車票、一張火車票、搭一段便車、或是借宿一晚——透過實體世界各種方式的支援,包括旅途中和住宿上,都能真正測試網路友人的慷慨和善意。由於我不能要求特定協助,所以不能保證我在交通上得到的支援能夠和住宿支援互相搭配。也就是說,可能有人好心要開車載我一段,但是到了某個地點後,不見得有人可以提供住宿。

❸我只能事先規畫三天的行程。

　　交通或住宿的支援必須是七十二小時內可用的,否則我就不能接受。這點對於持續抓住大家的好奇心以及關注是非常關鍵的,因為包括我自己,沒有人知道接下來會發生什麼事。

❹如果大家提供的支援不只一種,我有權選擇其一。如果支援只有一種,我必須在四十八小時內接受。

　　推特決定我命運的每一步,所以這條規則是完全合理的。因為我有可能因為某些瘋狂邀約,導致我的屍體被西班牙拖網漁船給撈起來。這條規則不是我最喜歡的一條。

❺如果我在一個定點停留超過四十八小時,無法藉由支援繼續前進,這

項挑戰就算結束，我得打包回家。

　　或許實體世界的人是完全不同的，彼此之間的聯繫也不強，或許推特客在線上關係以外並無法提供我協助，所以我只好夾著尾巴回到英國。很明顯的，這會是除了拖網漁船以外最糟的情況。

　　這些條件聽起來就不簡單了。我的旅程不只是無法預料，也將是殘酷的。我的每一步，事先可以規劃的時間有限，旅程中可以休息的時間更少。我的自由寫作生涯不能中斷太久，所以我必須設法在旅途中繼續工作。我有幾個穩定的案子，其中一個是每週得交三到四次稿。我不能放棄這份工作，不然我的貸款和五千英鎊的開銷限制就要出包了。而且我還有銀行借款要還，還有信用卡付款，還有帳單。等等，我在想什麼？我要是沒有先搞清楚，我怎麼可能出門旅行，而不毀掉我的財務狀況。

　　他媽的！他媽的！

　　我不能這樣就放棄。我對自己差點要放棄的想法搖頭不已。我已經毫不畏懼地覺得可行了；絕對不能選擇放棄。或許這不該由我決定，至少不該由我一個人決定。遲早我都得告訴我老婆這件事。

　　這幾年來，我的荒謬行徑和天馬行空，已經足以讓珍因此離我而去。我們在拉斯維加斯的意外就是一個最極端的例子，也是我倆關係的低點。我們抵達內華達時已經訂婚了，打算在拉斯維加斯結婚，結果回家時卻變成單身。無疑地，那是我生命中最悲慘的日子；我每分每秒都想到我們在飯店裡坐在床上痛哭的畫面，令人傷心的沉默，只聽得到我們的啜泣聲和香檳瓶撞擊牆壁的聲音。當然，珍舉起瓶子時瞄準的目標是我，但不幸的，她丟得太不準了。接下來，我們本來要到舊金山度蜜月，結果我獨自一人在那裡喝得爛醉如泥。

　　分分合合，合合分分，但我們始終在同一個軌道上，發現我們必須依靠對方才能使自己更加完整——我懷疑珍早在好幾年前就已經發現這個事實，而我則是殘酷又粗魯地辜負她的心。在兩次無效求婚之後(在拉斯維加斯前還有一次，只是故事沒有那麼精彩)，我們終於在紐約的帝國富爾頓渡輪州立公園(Empire Fulton Ferry State Park)結婚。曼哈頓橫立於東河的美景，在布魯克林大橋及曼哈頓大橋的框架下，一覽無遺。

　　我們的結婚之日是1月27日。
　　我的推特背包客之夢發想於1月31日。
　　同一個月。
　　就在我們成為夫妻的第四天，我打算告訴她我正要離開她去旅行，遠至地球的另一端。

　　「我有個想法。」我以一種感覺尚未認真思考過的語氣宣布。
　　「說吧。」珍以一種感覺早已心知肚明的語氣回答。
　　「我想運用推特環遊世界。」
　　「環遊世界？」「去哪裡？」
　　「可能是紐西蘭吧？」我的聲音聽起來有點畏畏縮縮。
　　沉默的片刻中，她美麗的藍色眼睛盯著我的眼睛，想要確認我到底是認真的，還是吸了太多強力膠。
　　「你是認真的嗎？」
　　「我想是的，沒錯。」
　　「你有錢去嗎？那你什麼時候才回來上班？小孩呢？小孩怎麼辦？」

　　小孩？對喔。我有一對雙胞胎男孩，金髮碧眼的傑克和山姆，兩個都是天使和魔鬼的結合體。我除了將離開才結婚五天的老婆，我還要拋下我的小孩一個月。我已經沉迷在我的計畫和相關細節中，完全沒考慮到我的小孩和他們的需求。我過去曾經讓他們失望過，我和珍分手期間，我也拋下過他們，我也曾因為工作離開過他們。幸運的是，日子還是這麼過來了，我們曾經是個快樂的家庭，相聚在一起，而且我會努力工作彌補我過去的失敗。我解釋說孩子還小，而且他們也習慣我離開他們到外地去工作。我們可以買一個網路攝影機裝在電腦上，然後線上聊天。我宣稱，當我成功時孩子們將以我為傲。其實，如果珍反對的話，我會用盡一切說詞說服她，但事實上根本不需要。

　　「好吧。標在月曆上，讓我知道你什麼時候要去。」

　　我盯著她看了好幾秒鐘。她是認真的。而且她在微笑。我擁有她的祝福，而這就夠了。這就是當初我為什麼會娶她的原因。

Chapter 5
@twitchhiker的誕生

紐澤西州的Six Flag Great Adventure遊樂園中，有一個全世界最高且最快的雲霄飛車叫做Kingda Ka。這個雲霄飛車高一三九公尺，時速最高可達二〇六公里。2007年英國媒體報導，由於雲霄飛車速度太快，一位來自畢治妥的四十二歲家庭主婦把她自己的眼珠子吞到喉嚨裡了。當然，這是我自己亂編的。我想說的是，Kingda Ka把乘客帶向神風特攻隊自殺式的航行，令人感覺噁心無助。一旦你上車了，你就毫無選擇，只能硬著頭皮完成這二十八秒的航行及伴隨而來的恐怖尖叫。

不過，這也只有二十八秒——與我將開始的二十八天環遊世界之旅相比，有如一瞬間而已。這四個禮拜，我將搭乘我自己的Kingda Ka，方向不明且無法控制，猶如怕尿濕褲子的恐懼，刺激到頭快爆掉一樣。

我突然想到，我的旅程就是那種有可能輕易募到慈善款項的瘋狂冒險。當時，推特正在為Charity:water慈善機構募款而舉辦了全世界一系列的熱鬧活動。這是一個非營利性組織，提供乾淨安全的飲用水給發展中國家。這個慈善機構在推特客之間擁有高知名度，所以推特舉辦這

樣的活動是很合理的。鑽鑿一個水井至少需要四千美金;我倒不是以慈
善之名來進行我的冒險之旅,但是如果我可以募到款項,並增加這個組
織的知名度,那我就不會是唯一一個從推特客的慷慨受益的人了。於是
我很快的在Just Giving網站開了帳戶,設定目標為三千英鎊。這聽起來
似乎野心太大,不過當時我正在通往明星大道的路上前進。

　　2月2日週一,我在推特上宣布我的計畫——這剛好是我在特易購
突發奇想的四十八小時後——然後預計在3月1日星期日啟程前往坎貝爾
島。我應該開一個部落格清楚說明我的挑戰和規則,並附上電郵地址,
當大家提供支援時,我才能收到寄來的電子票券或其他旅行文件。我還
在推特上申請了另一個帳戶名@twitchhiker,推特背包客——用這樣一
個獨特的名字應該比用我平淡的原名,更能吸引大家的注意。

---

paul_a_smith 好,我們要開始了。各位,我需要你們的
幫忙。請追隨@twitchhiker,並轉寄這則推文,閱讀此部
落格http://twitchhiker.com

2月2日下午12:25

　　我坐著死盯著我寫好的推文。你還記得你曾經寫好某個事關重大的
電郵或打過的電話嗎?一旦你按下送出鍵,或是話從嘴巴說出,就再也
收不回來了。你記得腎上腺素激增時胸口猛烈跳動,肺部好像嗆到的那
種感覺嗎?當電郵一寄出去,話說完掛上電話,你只想一頭悶在抱枕裡
尖叫。

　　在我還沒宣布之前這些都是想像的,但是宣布之後,這些就都成
真了。這個點子很有可能被我拋在腦後,就像我其他傻到不行的點子

一樣，只是我剛好感覺到珍走到我的身後，於是我就按下了「確認」鍵。雖然我曾經大概跟她解釋過推特背包客的概念，她沒想到我會真的去做；以前我曾經很興奮地向珍講過上打的偉大計畫，包括我打算發明一台可攜帶式烤麵包機，但是沒有一項計畫真正開花結果。

---

paul_a_smith 我好像要生病了。

2月2日下午12:33

　　我把電腦關掉，為了自己剛做的事驚恐不已，然後走到餐廳，珍已經把午餐準備好了。我面對著火腿沙拉哭了起來，啜泣中我向珍解釋我幹了什麼好事，我跟她說抱歉，說我可以不用再繼續下去，現在還來得及停下一切。她聽我說，抱著我，親吻我的臉頰，向我保證這個計畫一定會成功的，而且我們將因此而更為堅強。我們兩個都不是很餓。

　　推文像耳語一般傳出——每天只有兩百五十人追隨我的個人帳戶。第一個追隨我的@twitchhiker帳戶的是保羅懷特(推特帳戶名稱是@PJ)，他是一個住在離我八公里遠的朋友。他把我的推文轉寄給他的追隨者，於是推特背包客的話開始傳播；其他人跟著加入，並轉寄給他們的追隨者。慢慢的耳語變成更為確定、更有自信的聲音，先是流傳於東北英格蘭，然後傳遍全國。一個鐘頭之內，我的推文變成推特上被重複最多次的推文——根據推特監管趨勢和關鍵字的自動計數程式計算，推特背包客是大家討論最多的話題。大家的熱烈討論引起了富萊的注意，於是他大聲疾呼他的數萬名追隨者支持我的計畫——短短二十分鐘內，@twitchhiker帳戶就累積了近兩千名追隨者。

　　推特背包客爆發成千束瘋狂光流向各個方向射出，但是我對於3月1

日該如何離開這個國家還是一點頭緒也沒有。我無法想像怎樣的支援組合才能幫我越過海洋，但是我有信心這件事一定會發生的。感覺上似乎會有一股很強的意志力會把我推向那裡。

---

arcticmatt @ambermacarthur 嗨，安柏，請幫幫@twitchhiker。如果你和李歐可以在廣播節目中幫他搖旗吶喊一下，他不可能會失敗的。

2月2日下午3:31

什麼？安柏和李歐是誰？為什麼一個身在挪威的推特客要他們幫我搖旗吶喊？所有事情開始以極快的速度發展。追隨者們開始問一些我想都沒想過的問題。如果我到印度和中國，我的簽證怎麼辦？我有沒有打黃熱病和傷寒疫苗？這天結束之前，我開始接到媒體打電話進來，傳電郵給我，問我類似的問題。四十八小時內我的故事已經登上衛報和紐西蘭先驅報(New Zealand Herald)，然後是The Daily Telegraph, Metro，還有英國廣播公司的網站。我也出現在我們當地報紙的第三頁，而且不是只有一欄或兩欄的版面，是一整頁，滿滿的字和一張照片，上面是我如月亮般渾圓的肥臉。

---

sret 搞半天@twitchhiker 4天前才結的婚。

2月10日下午7:16

sret 我試著不要在不了解的狀況下評斷別人，但是我現在無法正面看待他的旅行計畫。對不起，@twitchhiker。

2月10日下午7:17

有時候我會收到一些批評，打擊我的信心，但是沒有人可以讓Kingda Ka脫軌。我掙扎著讓我的頭浮出水面，在工作、家庭生活、還有推特背包客計畫所帶來的行政工作之間忙得昏天黑地。在我宣布計畫的推文發出之前，我的收件匣就像修女的衣櫥一樣平淡無奇。結果一週之內，我就累積了五百八十一封未刪除的信件，其中兩百一十一封未讀信件。我不斷把信件從收件匣清出來，但是馬上又滿了，就像一座蓋得離浪潮太近的沙堡。

親愛的保羅：

我代表英國廣播公司的The One Show節目寫這封信給你。我們正在準備一個關於推特的報導，所以很想訪問你，談談你的推特背包客冒險之旅。
我可以請問你現在人在哪裡嗎？你有興趣接受我們的訪問嗎？

祝福你
艾麗克絲 胡德(Alexis Hood)

我在上禮拜看到了The One Show關於推特的特別報導，而這封郵件已經在我的收件匣躺了六天，表示推特背包客計畫可以登上全國性黃金時段電視節目的機會已經沒有了。後來，更多接受訪問的機會跟著溜走，我只好認了，並拜託我的朋友，也是名叫珍的朋友，來幫我。她的公關公司幫我當媒體守門員，管理媒體的需求和我的時間。假設我忘了上某個愛爾蘭或西班牙的廣播電台，珍就會來對我咆哮。Le Monde, Sky

News, The Montreal Gazette——每天，來自世界各個角落的媒體都有新的問題要問。那個彷彿不是我老婆的珍很清楚知道，她只要處理來自各方的詢問，並不需要製造更多的媒體露出——我希望由推特負責這項計畫的宣傳工作。

後來，我媽從她朋友轉寄給她的新聞報導知道了我的計畫。我不知道她對於我沒有自己打電話通知她這件事，是否感到生氣，但是在電話中她肯定沒有透露出任何不滿，不過話說回來，她總是這個樣子。每次我們通話時，她聽起來總是很興奮，或者說這件事讓她特別興奮，聽聽我們的對話你就知道了：

「所以，你現在在做什麼？你為什麼要去紐西蘭？推特是什麼？」

「那是一個網站。你可以在上面和全世界的新朋友聊天。希望他們可以幫助我環遊世界。

「喔，那你應該去買一台紅石榴機(Pomegranate Phone)。」

「……」

「你還在嗎，保羅？」

「是的，媽。你是說紅石榴機嗎？」

「對啊！可以煮咖啡，還有一堆其他功能，它可以把冷水從杯子裡吸起來，然後變成熱咖啡重新灌進杯子裡！我想應該也可以煮茶吧！」

「……」

「也可以刮鬍子。變成刮鬍刀呢！很棒吧？你一定要去買一個，好嗎？」

「好厲害喔。好的。」

「抱歉兒子，我不知道該說些什麼。」

我們兩個就是這樣。事實上紅石榴機根本不存在，那是媽在網路上看到的某個病毒式行銷無厘頭廣告。所幸，推特為我的旅行我提供的資訊要可靠多了。二月已經開始兩個禮拜，在我的追隨者協助下，我終於列出了一張打包清單，還有待辦事項：

- 護照／駕照
- 文件影本，避免繳交正本給不誠實的官員
- 美金，當情況不佳時用來行賄不誠實的官員，以免被綁在椅子上關在地牢裡
- 蘋果電腦、適合各種狀況使用的電源線和轉接頭
- 手機用的太陽能充電器(由某公關公司捐贈，似乎是個沒啥用處的玩意兒，讓我想辦法用用)
- 相機
- 手機，用來上推特發推文、相片、影像上傳
- 帳篷／睡袋／睡墊
- 帆布背包
- 防曬油
- 耳塞
- 準備緊急計畫，萬一出狀況時可用
- 去看一下我那殘酷成性的牙醫(確定我在旅途中不需要受到牙痛的折磨)
- 打電話給護士預約疫苗注射，越早越好

好了，我集結有智慧人士和有經驗的旅遊人士所提供的種種知識，列出了一張詳細的清單；但找出時間實際執行又是另一回事了。舉例來說，我希望從推特上得到能夠保持溫暖乾燥的方法，但是帶個帳篷跟我趴趴走似乎太過沉重，所以我把帳棚劃掉了。我沒有帆布背包，我不太想看牙醫，我到底帶耳機去要幹嗎呢？我也不打算和別人共享一張床。

Twitchhiker 我現在既不緊張也不興奮。這兩種感覺像波浪一樣來來去去，就像……對啦，像波浪一樣。我應該很快就會覺得緊張又興奮。

2月16日下午2:38

離出發還有六天，我的@twitchhiker帳號累積了四千名追隨者。這是目前唯一的成就，因為我還沒去接種疫苗，以預防更令人不快的死亡。我也還沒開始打包。我絕對應該要做的準備還是都沒做。相較於網路上熱烈的討論，我為旅行該做的準備少之又少。

後果跟著就來了——蠻嚴重的後果——對於我逃避已久，網路上討論又很熱烈的疫苗一事，我終於願意去面對。順帶給大家一個忠告；如果你打算在旅行前接種疫苗，千萬別拖到離出發只剩下不到一個禮拜才去，而且也要事先諮詢看看到底應該接種哪一種疫苗，因為有些疫苗需要打不只一劑，而且前後需要好幾個禮拜的時間。診所的護士，一個身材壯碩的中國女士，不苟言笑，對我這個亂搞一通的傻蛋態度堅定且公平——由於我自己的盲目愚蠢，我會死得很慘——她重複把一管一管的毒藥打進我的右手臂，並透露出一絲絲的滿足感。正當媒體持續讓我忙得喘不過氣來，愛爾蘭的一位手作書專家派迪包爾(Paddy Power)為我的

成敗可能性提出確切的機率。看來失敗率低到比拇指姑娘最短的手指頭都要短：

7/2- 推特背包客在30天內抵達坎貝爾島

10/1-推特背包客在一週內抵達坎貝爾島

7/4- 推特背包客無法離開英國

5/4- 推特背包客無法離開歐洲

2/1- 推特背包客因為推特客的支援不足，所以只好放棄任務

最後的一刻終於來臨。規則之一是我只能接受旅行前三天的交通和住宿支援。也就是說2月26日是我可以為3月1日出發開始求援的第一天。一旦過程開始，就會持續一個月——我每天必須在規則許可的範圍內盡量為旅程作計畫。這樣一想讓我不由得驚恐萬分。我尋求支援以及鼓勵全世界參與的努力做得夠多了嗎？還是推特背包客只是個旁觀者眾多，大家只會敲邊鼓的活動，而不是田徑場上真正的活動？我的旅程到底會不會開始呢？

---

paul_a_smith 明天是@twitchhiker致勝的關鍵。如果大家中午只是露個面，指著那個傻蛋嘲笑怎麼辦？蠢蛋。太可怕了！

2月25日晚上11:45

Chapter 6
真的會有人理我嗎？

twitchhiker 就是今天了，各位。今天我們就知道你是
否準備好了，而且是否出於真心誠意。中午見。

2月26日早上8:19

2月26日早上，信心指數很低；我沒睡好很累，考慮要把馬桶座椅加熱並加以裝飾一番。我對早餐失去胃口，對新追隨者的想法也越來越無所適從。雖然我花很多時間說明我的想法及相關的規則，每個鐘頭還是有很多新的聲音出現，要求知道我在哪裡，或是我已經在某處了嗎？或是午飯後我會路過瑞典嗎？推特背包客的新聞傳播到各個城市和大陸，熱度不斷增加，訊號越來越強，推文越傳越遠。這些陌生人都很明顯異常興奮，而且他們的輕率和熱忱使人安心也是人無法招架。在我位於蓋茲堡平房裡未經裝飾的餐廳裡的書桌前，我穿著睡袍靜靜坐著，雙眼無法離開電腦螢幕，裸著的雙腳也無法離開假皮椅。

---

twitchhiker 還剩60秒。天哪。

2月26日早上11:59

　　不到一個月前，我還站在布魯克林大橋的陰影下背誦著我的結婚誓言。五天之後，一件涉及大賣場的事件以及壞心情導致一個念頭的產生，最終發展成一件蠢事。然後時候到了，樂章漸漸進入高潮，結果快要揭曉，繼續或是停止。

---

twitchhiker 來吧，我任大家宰割，各位。我週日將由新堡(Newcastle)啓程。誰能幫助我到下一個地方呢？誰能提供我一個睡覺的地方？

2月26日中午12:01

　　然後……什麼都沒發生。什麼都沒有。令人難熬的兩三分鐘過去，一則推文都沒有，就像動物覺察到即將到來的地震。沒有人站出來幫忙。本來熱鬧非凡的討論，現在只剩沉默。還不到放棄的時候，但該是穿上內衣褲的時候了。珍在上班前體貼地把短褲和紅色襪子放在我的書桌上，提醒我雖然我沒有正式的工作，但也不該整天光溜溜直到睡前。短褲穿到一半時，第一個推文終於出現了，緊接著又出現下一個：

---

kierondonoghue @twitchhiker 我可以提供一張頭等機票到倫敦，你用得到嗎？

2月26日中午12:03

minxlj @twitchhiker 你去過阿姆斯特丹嗎？我可以提供一張到阿姆斯特丹的渡輪票，週日下午出發。

2月26日中午12:03

　　這兩則推文幾乎同時出現，緊接著大家就瘋狂了起來。我們將要征服全世界。在一、兩個推文之間，我的心情從極度沮喪一下子轉變為充滿信心。坎貝爾島算了吧，讓我們遠征月球！推特客們找到了自己的聲音，而且突然間，每個人都有一個沙發供我睡，都有一個陽台讓我休息，甚至地板或一張床。住宿支援幾乎每秒鐘就出現一次──丹麥、南非、新墨西哥、佛羅里達──但是沒有人提供可以到達的方法。沒關係，很多人想幫我，這就足以溫暖我的心。

　　該先去哪呢？當我在英國廣播公司工作時，我曾在倫敦住了一年，緊接在拉斯維加斯事件之後。我大部分的時間不是酒後狂High，就是心情低潮到想自殺，所以對這個地方沒什麼好感。我從來沒去過阿姆斯特丹。雖然我對此地的了解僅止於吸大麻和櫥窗內的漂亮女孩，我很樂意造訪此地。接著第三個選擇迎面而來：

flycheapo @twitchhiker 你要不要來巴黎？為了助你成行，請搭週日15:45從新堡起飛的班機可以嗎？

2月26日中午12:15

　　一想到巴黎讓我有點害怕。上一次去巴黎是我國中的時候，那次每天都下雨。我們想登上艾菲爾鐵塔，但是我們的法文老師柏金斯(Mrs Perkins)堅持我們應該去龐畢度中心。「街上到處是戲劇表演、魔術

師、和舞者！」她哇啦哇啦說個不停，有著所有法文老師所具備的熱忱。結果是，街上到處溼答答的，還有一群十二歲少年納悶著為什麼他們沒有去看巴黎最著名的建築物。我還有一張那天下午和我最要好的朋友史都華麥吉(Stuart McGhee)的合照——我們兩個人坐在龐畢度中心外面，全身濕透了，高興的程度相當於兩個剛得知他們的父母死於維多利亞式打穀機的小孩。

---

flycheapo @twitchhiker 如果你想去巴西，我可以幫你安排住宿！！城市任你選喔！！

2月26日中午12:35

來自世界各地的支援不斷湧來，透過這些推文的刊登和轉寄，陌生人變成朋友，而且開始分享他們的資源。巴黎人有辦法提供住宿，讓我前往的意願提高嗎？要花多少的免費烈酒才能搞定倫敦之行？我應該要做最後決定的，但由於這是我旅行的第一站，我覺得有必要透過第三者表達我的誠實。於是，我將決定權交還給推特，提供三個最有力的選項——倫敦、阿姆斯特丹、和巴黎，由網路投票作最後決定。

十分鐘後，三百張票，很明顯推特族群瘋狂希望透過我幫他們體驗嗑藥後超炫性幻想的感覺。阿姆斯特丹以壓倒性的三分之二選票勝出。三天後我就要航向歐陸了，且我將搭乘過夜的渡輪，所以無須擔心第一晚的住宿問題。更重要的是，我證明了我不是個胡思亂想的怪咖。一個看似愚蠢孤立的計畫集結了一個全球社群，而且大家開始對此充滿信心。我已經是一個信仰者，這一定會成功的，我要去坎貝爾島了——我們要去坎貝爾島了——但在這之前，我得先穿上我的短褲，燒壺熱水。

Chapter 7
火燒屁股的最後一小時

第一天　3月1日星期日

「你什麼時候要開始打包？」當我烤好約克夏布丁時，珍問我。「我想知道你還有沒有要我熨燙的的衣物。」

在我準備星期天晚餐的時候問我任何事情，通常結局就是一場不愉快，不然就是一盤沒煮熟的花椰菜。我腦子裡已經排好順序先關瓦斯，然後準備醬汁，接著將雞肉雕花，再瀝乾豆芽菜。分心會把我的順序打亂。「我不知道，當我打算出門的時候。」我很不爽地回答，然後拇指被烤盤給燙到。

事實上，我再不到三小時就要起程前往阿姆斯特丹了。為了一個月的離家生活，我除了把一疊T恤和內衣褲堆在餐桌上，我什麼都還沒打包。我決定放棄帆布包，因為我沒有，還得去買一個，而且我不打算帶登機箱，因為會讓我看起來像個觀光客。如果我發現自己迷失在黑暗角

落，像個迷惑的陌生人拖著行李箱走在不知名的巷子中，對別人來說肯定是隻待宰的肥羊。所以我寧願雙肩背著兩個書包式的大背包——一個裝衣物，一個裝電腦、相機、電源線、筆記本、還有其它將在這個月累積的有的沒的東西。比較大的一個是個扎實的黑色運動袋，我出國旅行時用過。另一個是珍好幾年前送我的禮物，是Jack Bauer男性系列中的一款粗麻背包。背包上還有一個金屬紋章，當你出秘密任務時有可能洩漏身分。

自從2月26日開始，打包就從來不是我的第一要務，一是因為推特背包客還有其他事情必須處理；二是因為我的三天規則表示2月27日推特客可以開始提供我第二天旅程的支援，而且老實說，我那天一大早就起來了，希望可以盼到一大堆支援讓我從荷蘭可以繼續下去，但結果一個支援也沒有。

慢慢的，推文開始出現了——我有一個選擇是從阿姆斯特丹轉到海牙，並得到在海牙旅館房東提供一夜奢侈的住宿；一個是一張到柏林的火車票和一夜住宿；一個法國人提供到巴黎的火車票和巴黎旅館的一夜住宿。

到海牙去的話，幾乎不算什麼進度，所以我只能選擇柏林或巴黎。雖然在推特客之間，柏林比巴黎更受大家歡迎，但是大家應該希望我朝目的地的方向前進。往東表示我會途經俄羅斯、中國、或印度，那就會有簽證的問題，也有疾病的風險，誰叫我太晚去注射疫苗。更重要的是，跟西方相比，推特在東歐的活動幾乎不存在。規則明訂我如果有一個以上的支援，我就能夠做選擇，所以我接受了到巴黎去的火車票，是一個名叫克利斯卡理羅(Chris Carriero，推特帳號@ikangaroo)的法國人提供的。我覺得他是個法國人，因為他的名字聽起來充滿異國風味，而且

他住在巴黎。就這樣決定了。

我也接受了一位陌生人提供的便車,雖然我媽從小就告誡我。我在3月1日的正式起點是新堡的中央車站,而不是我家默默無名門又壞掉的走道,車庫也小得停不下車(容我說明一下,這可不是我蓋的)。我還沒想過我要怎樣從中央車站到北盾(North Shields)的泰因港口(Port of Tyne)去搭渡輪。所幸,一個住在新堡名叫林西(Lindsay)的推特客(推特帳號@rivets)發現了這個缺口,打算提供我這段交通支援。

---

twitchhiker 好了,該出發了。電腦該關了。書桌再見了。30天後見!下一站,新堡中央車站……

3月1日下午1:18

我在家的最後一個鐘頭,就像個著火的人跑來跑去,試圖在最後一刻完成所有應該在四個禮拜中完成的任務。每一刻我都因即將開始的冒險之旅趕到慌亂,同時又想擠出時間再上一次廁所。如預料中,打包只需要一點點準備——這項任務僅靠我的記憶執行,就像電影裡蒙上眼睛組裝槍枝的士兵一樣。我的意思不是說我蒙著眼睛打包,我只是本來有可能這麼做。所有其他事物都密謀把我最後僅有的沉著給破壞。我的聚乙烯皮夾裡有外幣和銅板,一向放在書桌最上面的抽屜,但是已經被書桌小精靈給偷走了,所以我只好手無現金地前往阿姆斯特丹。有人則把我的軟運動鞋拿到浴室去了,不過有可能就是我自己幹的。我還打算在

去車站的路上把所有文件影印下來，但是我唯一知道有設影印機的報攤已經關了。

　　當我們抵達中央車站，是該向珍道別的時候了，結果哭的都是我。過去四週以來，每次當我懷疑自己，或是情況令我難以招架，珍總是安慰我，握著我的手，拍拍我的臉頰。我以為我很堅強，但是我即將離開她獨自掙扎。承諾已經說出，難捨的擁抱已經交換，我也抱著孩子親吻了他們的頭頂。我沒有仔細想過我的離家會對傑克和山姆帶來什麼影響，他們對於我每天的存在有多麼依賴，但至少現在他們還蠻開心的，和我一樣對這旅行帶著和小孩一樣的好奇心。傑客問我是否會旅行到月球上，我答應他如果我去了月球，一定會帶一塊岩石回來給他。他微笑，然後咯咯笑，讓我覺得幸福無比，但轉眼間又無限感傷。當他們開車離開時，我轉過頭擦眼淚，獨自回到車站裡。那天天氣晴朗，陽光從高聳的維多利亞式屋頂照射在火車和乘客身上。以星期天而言，車站算是十分生氣蓬勃，有母雞的尖叫聲、遊民的嘈雜聲、也有醉鬼試圖擺脫宿醉的痕跡。

　　故事發生在好幾年前了，新堡曾被選為全世界最適合狂歡的城市第八名。想當然爾，新堡自然要藉此大肆慶祝一番，讓大家都喝到掛。當地人的豪放天性、數不清的酒吧和俱樂部、與南部相較極其合理的酒吧收費，讓新堡成為觀光客和投機新貴絕佳的派對之地。幾年下來，這個以建造船隻而奠基的單調城市，逐漸被喝酒狂歡的形象所取代，於是接下來幾年，新堡和蓋茲赫(Gateshead)皆成為全國最有活力的地方之一。這裡仍舊是最佳的狂歡之地，只是現在當你隔天宿醉時，會發現一些被毀了的抽象藝術。

　　週末期間當地的推特客曾對歡送會有過熱烈討論，大約一打的推特

客出現送行；有些面孔對我來說已經是朋友了，有些我只在推特上看過他們的照片。這雖然遠不及對披頭四的狂熱，但對一個天馬行空的世界旅者而言，場面已經算很盛大了。我的朋友，也是之前電台同事的凱麗也來了，我在曼徹斯特任職英國廣播公司的時候就認識她了。跟我的朋友強克比一樣，每當我意志消沉時，她總是有辦法鼓勵我，所以當她苗條金髮的身影突然出現，帶給我極大的振奮。她為我的旅行帶來一大袋「禮物」，包括：

- 一本麥可包爾(Michael Powell)寫的《傳統好建議》
- 一套魔術工具組
- 耳塞和眼膜
- 用電池啟動的攜帶式賭場遊樂器

這些玩意兒我其實都不需要，也裝不下了，但是在凱麗眼前丟進垃圾桶會是一件很沒禮貌的事。所幸，凱麗替我另一個好友帶來了一個更有用的禮物——強克比的香檳，他正在主持廣播節目所以來不了。我想這瓶香檳不會活太久，因為背著這多餘的重量走在阿姆斯特丹街頭是沒有意義的。

來幫我送行的人當中有一個黎安(Leanne，推特帳號@minxlj)和林西(Lindsay，推特帳號@rivets)。黎安是個三十歲的設計師，有著白雪公主一樣的金髮碧眼，到處都穿洞，兩個手臂繞了一圈藍色刺青。她贊助我到阿姆斯特丹的渡輪票。她對著我笑笑，給我一個擁抱，更重要的是她給我到阿姆斯特丹的單程票。林西則是個中年大學講師，看來歷盡滄桑，滿臉不幸，一嘴的灰鬍子，搭配雜亂的馬尾巴。

我之前就提議要進行禮物交換，在每個階段和曾經幫助過我的人交換禮物。首先，我給第一位協助我的推特客黎安一份禮物，那就是已經折到，又被淹水折磨過的《麥卡錫酒吧》那本書(訣竅分享：絕不可將你珍愛的書放在已經快要報銷的煮水器下面的硬紙盒裡)。黎安回贈我的是一隻有張小狗臉的陶製小豬(也有可能是隻小老鼠，我不太確定也不想問)，上面還寫著「一路順風」。然後我將這隻雜種動物再送給林西，也就是第二個給我協助的人。他則回贈我一個小小的橘色金屬盒，上面寫著「多分支鉚釘」。林西蒐集了好幾打這個東西，小而美，賞心悅目，會是我和巴黎的法國朋友交換的好禮物。

有著黎安贊助的渡輪票乖乖躺在我的口袋中，我和凱麗及大家道別，搭上林西舒適但不知是什麼牌子的車離開北盾。我們沿路討論了暑假的假期和國外英國人的習性，還有我平安抵達坎貝爾島的機率。林西向我保證我已經知道的結果；也就是若我要走陸路，在這麼短的時間內完成旅程是不可能的。我也只能同意他的想法，並希望有人可以資助我長途機票。當我們在海岸公路奔馳，並錯過出口又折返回來，接下來即將發生或不會發生的事，我都不是很擔心。我已經上路了！我很興奮，就像參加學校旅行的孩子一樣，還在遊覽車上就迫不急待要吃便當。我已經是推特背包客了！我正在進行推特背包客之旅！我的命運操之在世界各地的陌生人手中，而我將步入美好的一切。

我在北盾渡輪碼頭即將開始的旅程，並非我今生的第一次冒險之旅，雖說如此，類似的冒險也不是太多。這肯定是接下來許多邪惡故事

和瘋狂性冒險的起點，新堡狂飲啤酒的男人們航向阿姆斯特丹，尋找穿著皮衣的女郎們，因為她們願意做所有老婆們所不願意做的事。

當林西即將離去時，我向他告別致意，然後背上我的旅行袋，拿著香檳，踏入1989年。渡輪站現代的石造大門，和室內的樸素未裝飾大相逕庭，牆面都是藍色和灰色，大部分是灰色。整個渡輪站看起來像是被時間遺忘，連味道也是，一股陳腐的氣味跟隔夜的酒吧差不多。

從渡輪站往港口看，挪威公主號像隻巨獸，藍白相間，高聳挺立，像是個巨大立方體，沒有我想像中船隻該有的流線造型。這位公主並不是為速度或時尚而建造，她大得像是大象的腸腔，構造簡單。內部則是比渡輪站稍微多了點色彩——有圖案的地毯、老舊的裝潢、船艙有各式各樣的顏色，主要是天空灰色系，但又不是令人安心的天空灰，而是那種你考慮要不要把衣服拿出去曬的那種灰。我的艙房是沒有海景的，所以不會讓我分心。我馬上打開香檳以我的喉嚨所能承受的最快速度狂灌。喝夠了，休息夠了，我慢吞吞地走到甲板最上層，看著紅通通的太陽對著新堡落下。眼前的海面是灰色的，但是看來很平靜，天空很溫暖清澈，泰因港慢慢的消失在背景中。

又回艙房喝了不少香檳後，我打算好好逛逛這艘小船。這是艘小船嗎？還是艘大船？有關係嗎？沒關係；我喝了大該三分之二瓶香檳，感覺好像在踩小型天鵝遊船一樣。主要的酒吧區沒有其他地方的灰色調，而是誘惑的黑色。中間是個大舞台，樂隊演奏著超出他們能力的老歌，例如AC/DC(澳洲重搖滾樂團)的Back in Black(1980年發行搖滾樂曲)，然後，很不協調地接著又演奏了The Proclaimers(90年代蘇格蘭流行樂團)的I'm Gonna Be(500 Miles)。但是等等，還沒完呢！我的天哪，還沒完呢！接下來是The Sugarbabies(甜心寶貝)的歌，他們嘗試以一點不性感

的舞步吸引男性觀眾。他們就像過重的脫衣舞孃跳著神奇的舞步，就算他們停下來進行抹片檢查，也完全無法讓人有非分之想。

　　樂團休息後，又回來唱了 Alannah Myles(加拿大歌手)的 Black Velvet，和我一起聽的同伴有酗酒的中年人、性觀光客、投機新貴團、和比利時重型卡車司機，所以這表演對我很快就喪失吸引力了。我感覺像是陷在一個男性水手勞工俱樂部裡面。我只好又回到甲板上，我酒後的蹣跚完全無法和船身的搖晃協調，於是我打電話給珍報平安，然後打給強克比謝謝他的香檳。這瓶香檳在我的處女航中成為非常值得的第一位伴侶。

　　當船駛入英國和歐陸間的一片黑暗中，引擎似乎像熄了一般安靜。我打算回房休息，但是走錯房間，拼命道歉，最後才回到我在兩層樓以上的房間。回房喝完剩下的香檳，我在北海溫柔的搖晃下進入夢鄉。

Chapter 8
令人胃翻湧的冒險開始

第二天　3月2日星期一

在我展開偉大的推特背包客之旅前，我曾經旅行過最遠的一次，就是當我還在念書的暑假，和史密斯一家坐著Siesta轎車從達靈頓(Darlington，英國中部)到勒斯它提(L'Estartit)，一個位於西班牙東北海岸的小型渡假中心。在一個出國度假代表著昂貴的短程機票的年代——十多年前廉價航空公司還沒這麼普及時——三人共乘轎車絕對是最合理的選擇，如果不提途中貴到不行的頂級可樂和無聊的二十三個小時旅程。

歐洲的地理環境是不容許你一站不停直抵西班牙的。當時海底隧道也尚未開工，所以車子必須開上渡輪才能到達法國。當我們從多佛啟程時，我們會爬到甲板上欣賞英國的陽光，我弟和我會假裝對白色懸崖饒有興味地欣賞一番，然後迫不急待回去看善感的法國年輕人和美麗女友

玩遊戲機的After Burner飛行遊戲和其他遊戲。對於童年的這些跨海旅行，我最深的記憶就是對著紙袋嘔吐、對著我媽的手提袋嘔吐、對著我自己的手和我弟的大腿嘔吐。他小我四歲，一直到了法國加來(Calais)才停止啜泣。大浪毫不費力就把我的胃翻出來，我的喉嚨則滿是膽汁。

所以，當我在甲板上眼睛睜開時，我感覺我的胸似乎漲到我的嘴巴，滿懷恐懼。但是，撇開我想把一大杯香檳、胃酸、和其他液體吐出來地念頭，我倒沒有童年時被暈船折磨的其他症狀。直到那一刻，我才想起當我十幾歲時，甚至短程渡輪也把我折磨得半死。但這不表示我隔天就又生龍活虎了──我的頭重得跟溼鞋子一樣，前夜把酒當飯喝的決定，讓我的頭成了受害者。我在燈下眨眼讓眼睛重新聚焦，然後笑了起來。自己一個人喝酒可能不是什麼好主意，但是我想起來我為什麼在這裡了，我正在進行推特背包客之旅，正在到歐陸的途中，而這是十分值得慶祝的一件事。

現在我迫切需要我的牙刷和止痛藥，於是我翻遍塞得緊緊的旅行袋，結果發現一抹黃色。我不太記得那是什麼，被塞在後面的分隔袋裡。拿出來後原來是一個信封，香蕉黃色，裡面是一張卡片──珍在我離家前塞進去的。卡片是海藍色，正面是一顆星星掛在一條彩帶上，卡片裡是我新婚老婆寫的話：

> 每當你看到天空中閃亮的星星，那就是傑克、山姆、和我正在想念你並看顧你。天空中其他的星星是你的朋友和家人，他們也在想念你。請記得，即便天上看不到星星，這張卡片上的星星專屬於你，而你，就是我的星星。

珍

我熱淚盈眶，淚水慢慢從我臉上滑落。如此美麗溫柔又窩心的話語，來自我體貼親愛的老婆。她肯定是從網路上抄來的。卡片內印刷的字樣寫著：「祝你有個美好的一天！」珍把「一天！」改成「旅程！！」卡片背面的警語寫著：「中國製造，因附有零件，不適合三歲以下兒童使用。」這部分珍就沒有修改了，她可能覺得我會在脆弱時刻把卡片給吞了。

當我洗好澡，船也才離港不到一個小時，我把手機打開，照理說我應該在基地台的範圍內了。因為這趟旅程，電話公司送我這支手機，但就是無法打電話或連線到網路上。而且明明前一天還有二十英鎊的儲值額度，現在卻堅稱我已經沒有額度可用了。我只好打開皮夾拿出信用卡，才得以開工。我又能上推特了，而消失額度這起神秘事件在追隨者的協助下也得以真相大白，原來我在深夜打的電話可能是透過渡輪自己獨立的衛星網路連接，所以每分鐘的費用是很高的。我繼續看大家發的推文，看看有沒有人提供巴黎之後的支援。我傍晚和法國人克麗絲約在Gare du Nord碰面，之後我有兩天的時間等待下一站的開始。

荷蘭慢慢在濃霧和雨中進入我的視線，我以為船會直接開到阿姆斯特丹市中心，然後我會看到鬱金香遍布的運河和漂亮的房舍。結果，從霧裡我只能看到模糊的塔樓和黑色的鋼鐵建築物，金屬建築的小島有著生鏽的外層。這裡是Ijmuiden，荷蘭銜接北海的入口，它迎接訪客的方式感覺像是打在胯下的一拳。

渡輪靠岸後，船上員工迅速將人群趕離船上，到車站轉搭巴士繼續前往阿姆斯特丹。這裡的巴士是歐陸標準，每排座位之間的距離有限，只夠雙腿部碰到別人的距離，似乎只適合四歲以下幼童乘坐，並不是和其他所有人。我擠進位子上，雙膝緊靠著下巴乖乖等著，很不友善地看

著窗外還在遊蕩聊天嬉笑地其他乘客,他們以為他們在度假。距離我從阿姆斯特丹中央車站搭火車到巴黎還有三小時,但是我不確定這段車程要花多久時間,也不確定巴士會停在離中央車站多遠的地方。而且我也還沒有火車票——法國人前一天有寄電郵給我,內文是一長串登入帳號和密碼,當我到達車站領車票時要用的。

> **twitchhiker** 到阿姆斯特丹的巴士正在播放歐洲合唱團的Final Countdown。我猜,這首歌在這裡還是排行榜第一名。
>
> 3月2日早上9:25

巴士停在中央車站前。我還是得看看我的電郵,去領我的火車票,解決午餐,找到出發的月台,這些搞定後,我只剩大約三十分鐘可以好好逛逛,留下對阿姆斯特丹的第一印象,也是唯一印象。如果荷蘭首都充斥大麻咖啡廳和袒胸露背調戲觀光客的櫥窗女郎,那這些景像肯定是躲著我的。我可沒努力找啊,我又不是那種觀光客。就算我試著去找,我錢也要花得值得,在我登上十二點二十六分前往巴黎的火車之前。總之,阿姆斯特丹是平坦、多雲、偶爾下著毛毛雨的地方,有機會可以看到外國人魂飛於車輪、電車輪、腳踏車輪、或這三種車輪之下。

到車站的路上,每種車都有兩線道,所以如果我要穿越馬路,表示我不只要穿越兩線道,而是六線道,簡直是線上遊戲Frogger的翻版。

中央車站的月台屋頂是頹廢的鋼製拱型構造,下方是沉悶的水泥建

築,被店面和月台上方照射進來的灰色光線照亮。我用克利斯提供的資訊,在車站大廳靠近入口處領到車票,在我將車票塞進口袋前,我看了一下票價。八十三歐元。我發現我對此次旅程的理論已經和現實脫節;我本來設想大家會放棄原本已經購買的車票轉讓給我,或是在原本計畫的行程中順便讓我搭個便車。怎麼會有一個陌生人,一個法國人,從口袋裡掏出將近一百英鎊的現金替另一個陌生人,一個英國人,買一張荷蘭啟程的車票呢?這種好康應該不會持久,我覺得。

車票領了,我到一處明亮的紅色沙發區,而且提供無線上網,我拿出我的筆電。我在海上迷失了十七個小時,所以我必須好好看看推特,並計畫巴黎之後的行程。推特上的歐文瓦金斯(Owen Watkins)提供了一兩個建議。這是誰呢?旅行了兩天,這位追隨者眾的歐文(推特帳號@clocsen)提供了一張機票。

橫越大西洋的機票。

這肯定是在惡作劇。我怎麼可能如此幸運呢。什麼樣的白癡會幫我飛到美國?我登入我的電郵帳戶,有一封郵件已經在等著我:

早安保羅,希望你昨晚睡得還好。

如我在推特上所說,我很樂意提供一張單程機票到美國或是加拿大,但是下一站或回程機票會是個問題。如果你還沒思考過這件事,我強力建議你在上飛機前跟巴黎/倫敦/阿姆斯特丹的訂位人員討論一下。只要你能合理說服我你不會被第一班飛機遣送回來,我會很樂意提供你這張機票,也才不會浪費你的時間和我的金錢。

我還能提供你從大部分主要機場啟程的機票，例如法蘭克福機場。因為某些原因，我無法提供從巴黎起飛的美國班機機票，至於目的地，紐約和華盛頓是可能的地點，其他目的地就要視機位而定。

祝好

歐文瓦金斯
@clocsen

這個驚喜不禁讓我笑容滿面，隨即又讓我陷入恐慌。我想到我在國外要怎麼通過入境管制。假設飛機讓我登機了，美國的邊境管制發現我進入這個國家卻不知道什麼時候我將以什麼方式離境，我可能會被帶到一個沒有窗戶的房間，聽到令人不快的乳膠撕裂聲，被手指頭狠狠侵犯過後，再把我送回我來的地方。這似乎不太可行，往西飛不太可能；我必須尋找走陸路往東行或往南行的方法，這部分我沒有思考太多，因為從非洲和亞洲來的支援少之又少。

然後一個念頭跳進我腦中，我其實有張回程機票。三個月前，維京航空促銷活動提供兩百四十九英鎊到紐約的來回機票。當時我排在很前面，馬上就訂位了。我趕快找出附有行程附件的那封電郵，查清楚日期——我應該在5月6日從倫敦希斯羅機場啟程，5月25日返程。美國移民署容許沒有簽證的旅客停留九十天，而我飛入美國的時間到我之前訂位的回程班機期間是八十一天。所以我可以接受@clocsen提供的赴美機票，然後把我之前預訂的機票行程當作我一定會回國的證明。現在問題變成，我該如何從巴黎前往某個主要機場呢？得到支援的機會大嗎？

機會很大，後來的事實證明。

經過上週數十個提議支援的推文之後，推文就減少了。其中一個是一位德國女士安卓雅(Andrea，推特帳號@pluripoten)提供的：

> **pluripoten** @twitchhiker 我可以提供你從巴黎到薩爾布魯克(德國城市)的法國高速火車車票和住宿。還有到法蘭克福的一段便車，讓你繼續走向世界。
>
> 3月2日早上8:02

如果我是個旁觀者，我會把這整個計畫當作是某些瘋狂有預謀的在進行的勾當，到目前為止騙了將近六千個推特客，還有全世界數不清的媒體。在不清楚別人提供什麼支援的情況下，在第一週，有兩個追隨者同時提供了我到北美洲的支援。我興奮地尖叫，從坐在對面一個穿著咖啡色絨毛運動服的女士的表情判斷，我可能太大聲了。無論如何，我的計畫又成功了。

> **twitchhike** @pluripotent 嗨！請問妳關於到薩爾布魯克以及一段便車到法蘭克福的提議還有效嗎？或許在星期三？
>
> 3月2日早上10:43

火車出發的時間快到了，我收拾東西，領了一些歐元，到地下室的超市買了一個看起來不怎麼樣的培根生菜三明治，還有一瓶新鮮柳橙汁，然後走到月台，希望沒走錯——廣播中的荷蘭文我可是一個字也聽不懂。當手扶梯帶我到看得到鐵軌的高度，我看到了令人讚嘆的尤物。

我先聲名，我對火車的熱情普通，但那是在我看到這列雙層火車之前。雙層，一層在另一層上面，就像房子一樣！一列長長的、鮮明的、黃色的子彈列車，上層有乘客，下層也有乘客，一列文明時代中的優雅火車。這無疑是那天我看到最美好的事物。

　　但是不用說，那當然不是我要搭的那班火車。

　　到巴黎的旅程很順利，除了一位坐在對面的法國紳士把手機掉在我的腳上。他很誠懇地以道地法文道歉，但是由於我的法文程度太低，而無法得體回應他，我只能傻笑並假裝窗外有更有趣的事情吸引我的注意力。應該是到了比利時的安敦普車站(Antwerp)，一個充滿雕像地下站，藍色霓虹燈形成的簾幕照亮四周。這裡肯定不是布魯塞爾南站，因為那個站爛透了，像是災難後的受害者，一點也不符合消費者的需求，浪費維修預算。旅途還算愉快，像是在一個明朗的春日途經英國鄉間，穿過田野、綠色草原、小村莊、和稻草築成的農舍。

　　經過安敦普和布魯塞爾南站，火車進入了巴黎北站，這是全世界第三忙碌的火車站。站裡到處是懶洋洋的觀光客和沮喪的當地人，擁擠的人潮擦肩而過，幾百人在巨大的車站屋頂下閒晃。我不知道怎麼在人群中找到克利斯(Chris，推特帳號@ikangaroo)——放眼望去都是人，而他在推特上的照片太小難以辨認。如果他也是穿著咖啡色絨毛運動服，那我就很好認了。幸好，克利斯認出我來了，我們熱情地握手，笑得很開心，出乎我的意料，而且有點不好意思的是，我們的對話一點也不吃力。這個又高又黑，面容整齊、留著設計師鬍的法國人，根本就不是法

國人，而且有著爽朗的美國口音。原來克利斯住遍世界各地，出身紐約州北部的他去年才到巴黎來。

twitchhiker 感謝@ikangaroo提供阿姆斯特丹到此的車票。他不是法國人，嚇了我一跳。

3月2日下午4:09

克利斯幫我們兩人買了地鐵票，然後我們遁入巴黎如迷宮一般的地下。我們搭5號線往北，坐了三站後到了19區一個叫勞蜜耶(Laumiere)的站，這裡已經是離市中心很遠的北邊了。回到地面上明亮的陽光下，眼前是一片繁忙景象；濃重的口音從當地麵包店裡傳來，法國人生氣地邊講手機邊打手勢，尚若雷大道(Avenue Jean Jaurès)交通繁忙。每個人看起來行色匆匆，或是坐在咖啡廳饒有興味地觀察別人。我離觀光客距離很遠，迷失在真實生活中——活躍、嘈雜、在巴黎陽光下，一切都令人振奮。

我們走上一條曲折的小路，穿過Bassinde laVillette，一個菱形運河的橋上，到達聖克里斯多福旅館。他們提供我兩夜住宿。我最謹慎的就是旅館，因為我已經待過太多缺乏溫暖和家具的房間，在老舊的床墊上度過太多不舒服的夜晚。通常我在乎的是旅行的經驗，而非只睡幾個小時的旅館房間，所以我很高興能略過贈送的免費餅乾和付費色情電影。我常為了省下幾百英磅住過各式各樣的旅館，從舒適又設備齊全的旅館到老鼠亂竄的旅店、或是在布拉格和欖球隊員共用浴室，顯然他們在裡面剃毛，搞得到處都是捲曲的恥毛。聖克里斯多福旅館可完全不同，這是一間很大的立方建築，以細緻的木條和金屬裝飾，北邊是以樹形成的

廣場為界，南邊則是運河。室內設施完善，是個現代又乾淨的旅館。酒吧內生氣蓬勃，房間明亮整齊，床墊幾乎是全新的，更棒的是，免費無線上網。

傍晚，克利斯和我坐在旅館外面，慢慢喝著一品脫的啤酒。之前獨自灌下一瓶香檳的醉意殘存，但是我有義務要慶祝我抵達巴黎。

「這裡的啤酒很貴吧？」我問。「一品脫要五歐元！」
「在巴黎這算便宜的了，」克利斯面無表情地說。
「真的？你一定是在最好的巴黎酒吧喝的，」我笑著說。
「並不是，」這是他最後的回答。

一開始我們的對話不時穿插著奇怪的沉默，兩個共通點不多的陌生人只在網路上交換過隻字片語。類似情況令我困擾了幾天——有時候我會遇到非常慷慨支援的推特客，但在現實生活中卻非常冗長乏味，讓我想一頭藏在水泥裡。就像盲目約會的後續一樣，我必須出來終止對話。跟克利斯倒不是如此，他是個很有禮貌的人，他也機智過人，但是他的回答總是非常精簡不囉嗦。等我們喝到第二個品脫時，我們彼此比較熟悉了，開始聊到推特、法國人的事、還有他來到巴黎的緣由。他在去年八月和他的妻子莎拉來到巴黎，莎拉在市中心工作，他則忙於他的旅遊網站iKangaroo。他過去常常四處旅行，靠的是其他人的資助。克利斯將同樣的命運散播出去，我則告訴自己，當我有能力時，我也要做同樣的事情。

當夕陽出現在此巴黎北方之際，莎拉也加入我們了，她充滿活力的個性隨即將她老公又酷又悶的外表融化，展現出笑容並帶來笑聲。接

著，旅館的員工帶我們三人到一家當地餐廳吃晚餐，其中有提供我住宿的推特客鄧肯，他是個二十多歲精力充沛的南非人，有張清新的面容，對我的旅行計畫充滿熱情。還有旅館經理吉內芙，以及行政總裁羅曼。我們沿著運河走，艾菲爾鐵塔的尖端在數公里之外的天際線上。吉內芙解釋說，一直到幾年前第19區是禁止觀光客進入的，因為這裡以骯髒和犯罪出名，是窮學生和移民的家。在過去五年政府花下經費清理運河，整治公園。即便旅館也扮演了小而有力的角色，提供就業機會，成為社區裡的焦點。

約荷餐廳非常忙碌，桌椅和客人擠成一團，服務生的手臂上排滿餐盤，優雅地穿梭其間。餐廳位於兩條街的三角地帶，燈光昏暗，又擠又吵，但是充滿著魅力和溫暖。我就像任何三十六小時都沒好好吃過飯的英國人一樣，享受著這頓佳餚。我很樂意嘗試每一道菜。當大家要我試試蝸牛或鵝肝，我很驚訝蝸牛和不自然養肥的鵝肝竟能如此豐富味美。我自己的開胃菜是法式洋蔥湯，上面覆蓋著厚厚的起司，很好喝。

我能非常確切記得我在何時、在哪裡吃過最喜愛的餐點。我的第三名是2001年3月在索倫多吃的比薩，第二名是2004年10月在舊金山史坦那街的易茲餐廳，那裡的紐約客牛排搭配焗烤馬鈴薯和白醬菠菜。而我最喜歡的一餐絕對是我奶奶煮的雞，雖然次數多到記不清時間和緣由，但總是在她博納堡的家中享用的。就像中古世紀的饗宴，餐桌上擺滿綠色成套的各式餐盤，盛滿雞肉、輪胎般碩大的約克夏布丁、如埃佛瑞斯峰一般高聳的馬鈴薯泥、烤馬鈴薯和紅蘿蔔、豆子、防風草、蕪菁、和高麗菜芽，還有蘋果醬、麵包醬、當然還有搭配馬鈴薯泥的肉汁。我總是飽到胃痛但又十分滿足。

約荷餐廳的主菜馬上就登上了我的排行榜第三名。我從來沒有吃過

這麼好吃的焗烤馬鈴薯和藍帶豬排。要不是怕吃相難看，我真想再點一份。還是不要好了，因為太多的紅酒已經讓我的胃脹起來。

我在推特上和大家分享這段故事以及照片，又喝了三瓶醇厚的美洛紅酒，然後在巴黎的夜色下走回旅館。克利斯和莎拉在我誠摯的感謝之後，搭地鐵回家了。我感謝他們對我的旅行計畫充滿信心，也感謝他們帶我認識了全新的巴黎，把我十二歲酸苦的巴黎印象一掃而空。

---

twitchhiker 感謝克萊夫和博通的捐獻，我們的慈善基金已經累積到兩千英鎊！謝謝大家，讓我們繼續努力。

3月2日晚上11:14

慈善基金的籌募是從二月開始，善款陸陸續續進來，四週後終於為charity:water慈善組織達到一個里程碑。在這寂寞的旅館房間，也是我冒險旅程的第一個全天，當我靜靜消化著豬排和紅酒的同時，這個好消息讓我在熄燈上床前又多了一個微笑的理由。如果接下來的每一天都能像這樣充實又豐富，我想我就會是世界上最幸運的人了，也可能是最胖的人。

Chapter 9
選擇你自己的冒險

第三天　3月3日星期二

我決定在巴黎停留兩個晚上，認真做點工作——顯而易見，銀行經理對於我這個一個月沒繳貸款還在環遊世界的人，沒什麼好感。鄧肯和吉內芙贊助我遊覽巴黎名勝的地鐵票，但我被綁在電腦前十個小時，向倫敦的編輯寫稿交差。再見了，凱旋門！盧森堡公園，下次見！巴黎別哭泣，而是要為我慶祝，慶祝我為平價航空公司撰寫行李限制和不動產稅務的文章。天哪！

對於推特背包客而言，這是個美好的一天，只要你忘記我的肥屁股正坐在酒吧裡，哪兒也沒去。我的旅程從巴黎離開後的下一站是美國，更棒的是，目的地是紐約市。一位德國推特客安卓雅(@pluripotent)提供了明早從巴黎到德國薩爾布魯肯的火車票。德國的線上訂票系統無法讓安卓雅把車票透過電子郵件寄給我，所以她只好自己開車到車站取票，

然後再用掛號寄給我。安卓雅將在薩爾布魯肯接我，然後我在她艾波博(Eppelborn)的家中借宿一晚。那是離法國邊界大約二十公里的一個村莊。隔天早上，我再回到車站搭乘到法蘭克福的火車，同樣是由安卓雅提供。如此對待一個全然的陌生人，這真是很大的費用和心力。

接著一位住在徹斯特(Chester)的推特客自願贊助金錢和飛行里程幫助我從法蘭克福飛到北美。歐文訂了從法蘭克福到紐約的機票，中間在阿姆斯特丹的史基普機場轉機，這表示我又要再次經過阿姆斯特丹，停留的時間比上次還短。我感覺到歐文擔心移民檢查署是否會為難我，我跟他說不會有事的，因為我已經訂了三個月期的紐約來回機票，回程機票對於那些配帶手槍的冷面官員來說，就足以擔保一切了。我說，沒什麼好擔心的，這是真的——我將在甘迺迪機場輕鬆通關，沒有人會注意我，但是如果他們問我為什麼三個月的旅程只帶了兩個大背包，我就毀了。這點我倒是沒什麼信心。我試著保持冷靜繼續向前，不慌張或是急著衝向廁所；一切都沒問題的，就像我跟歐文保證的一樣。我跟自己說，盡量往好處想。我正在當推特背包客，這世界上充滿良善、愛、與希望，這世界正帶領我再次造訪紐約，我五週內的第二次造訪。我真是個非常幸運的混蛋。我將訂票所需資訊提供給歐文，包括一個第一晚虛構的居住地址，因為我還沒收到住宿的支援。一旦歐文確認我的機位，推特上的大家肯定都會知道：

twitchhiker @clocsen太好了，十分感謝！紐約，星期四我就來了！

3月3日下午4:51

然後，發生了一件好笑的事。其實倒也不算好笑，應該說是讓人溼褲子般震驚又手足無措的事：

M4RKM @twitchhiker 隔天我可以幫你飛到洛杉磯！只要讓我知道你想訂幾點的飛機！

3月3日下午4:52

我的天哪！LA？不到一個禮拜？這太出乎我的意料之外了，我幾乎無法呼吸。這麼快就到達太平洋了！真是太意外、太令人興奮了！但又不太對勁，感覺好像作弊一樣，從一段長程飛行直接又搭上另一段。我如果用飛的穿越五千公里，我能證明世界的良善和慷慨嗎？我上推特詢問大家的意見，大家都為之瘋狂，而且大家都希望看我搭上那班飛機。我開始一一回覆大家，試著在一百四十字內表達我的想法。無所謂，大部分的追隨者都希望我搭上飛機。「你不了解美國有多大，超大的！」還有人說「你不是要在三十天內旅行到盡可能遠的地方嗎？接受吧！」接著是「這是推特客提供的，為什麼說是作弊呢？」這類的推文不斷進來，推特不打算讓我逃過這個贊助：

---

tammisutton @twitchhiker我想把你放入我下一個關於背包客的影片中。我想贊助你火車票或機票讓你橫越美國！

3月3日下午5:13

套句葛雷查普曼(Graham Chapman，英國知名演員及作家)的話來說，這整件事開始顯得有點蠢了。這些花錢到當地電影院看電影的人，

能從一個肩上頭髮遠比頭上多的肥臉巨人得到什麼樂趣呢？而且這個推特客譚米撒頓(Tammi Sutton)到底是誰呢？

當我在IMDB.com電影資料庫搜尋之後，甚至連我最狂野的期待都被超越了。譚米薩頓是一個真實人物，嬌小、染著金髮，在演藝圈有些資歷。她曾經在《蜘蛛人》一片中演出街上的攤販，在《逍遙法外殺錯人》一片中飾演餐廳女侍，在2001年的《Horror Vision》則演出妓女一角。她在演員的角色上還算平平，但明顯的她是一位有經驗的製作及導演，雖然她的電影都是極低製作成本的恐怖片，劇情多半涉及謀殺丑角和恐怖殺戮。

譚米撒頓希望我到LA去，其他人也是。但是越多推特客希望我接受這項贊助，我就越感到抗拒。我覺得不對勁。我的規則並未規定交通方式，但是一直接受長途飛行似乎有違我當初挑戰的精神。我表達了從歐洲東行的擔憂，最主要是因為東邊推特的使用並不普及，我不能在三周內走陸路橫越九千公里，除非我有很多選擇，但是在北美洲我就沒有這個藉口了。美國和加拿大都有很多推特客，我想要體驗陌生人的友善好客，擁抱推特精神，而不是以時速九百公里飛過九千公里。除此之外，如果我要到紐西蘭，我必須找到跨越太平洋的方法，這對推特客是很大的要求。我必須在抵達西岸之前，為我的旅行計畫建立更高的知名度。

---

twitchhiker 謝謝回覆。星期五會是三十天的第六天。我的心告訴我應該走陸路橫越美國。先這樣吧，我想。

3月3日下午5:33

　　你記得那套書《選擇你自己的冒險》(Choose your own adventure)
嗎？我在孩童時期就蒐集這套書，你可能也是。我很喜歡這套書。太．
棒．了！那是一套童書，由讀者自己決定劇情。你可能讀了幾頁後，就
必須由你決定主角接下來該做什麼，你可以從許多選擇中選出一項。你
可能是走左邊的路進入寺廟，走右邊的路是通到瀑布，或者回頭順著自
己的腳印回到叢林中？每次選擇表示繼續向前或是回到書中的另一頁，
故事繼續，然後你繼續做出選擇。你可以一次又一次體驗書中內容，每
次都能體驗不同的冒險，很神奇。

　　二十五年過去，我成了自己《選擇你自己的冒險》一書的主角。成
千的人們正看著他們的選擇將把我帶向何方。每一頁代表新的方向，當
我無法就各項選擇一一辯解，選擇權就在我的身上。我並非獨自旅行，
我對我的推特追隨者，也就是我的旅伴們有責任。如果得花好幾個小時
在經過猶他州時，擠在飛機經濟艙裡看《好漢兩個半》(Two and a half
men，美國影集)，我想沒有人，包括我，都無法體驗到偉大的冒險。

　　從紐約到洛杉磯的機票就算了吧，有更多有趣的方式可以橫越美
國，希望我將得到支援。畢竟，我還只是在巴黎而已。

　　除了上廁所之外，還有偶爾到巴黎的太陽下透透氣，我坐在聖克里
斯多福的酒吧打字打了十個小時。工作，工作，部落格，工作，推特，
工作，推特，工作，推特，部落格，以此類推。一個火腿起士三明治和
一杯可以續杯的咖啡伴我度過白日時光，一杯啤酒又伴我度過黃昏。推
特客們談到市中心裡的派對，聽起來挺墮落的，我不敢就此踏入未知。

要我來一段自我介紹，不論是實體或虛擬的，我可以充滿信心且毫不緊張。但把我關在一個充滿開心陌生人的旅館，希望能分享環遊世界的故事，我可就辦不到，無可救藥地害羞。我就是那種你在酒吧承諾以後一定會聯絡，但是你從來不會真的連絡的人。

那天晚上我很早就回房間了，感覺很累。前一晚空著的五張床現在已經被打呼的背包客佔滿了。只有睡在我下鋪的人，正忙著嘔吐在自己嘴裡，然後再從床上跳起來衝到浴室吐在水槽裡，吐完再回到床上，重複同樣的過程。我隔壁床則是一個高大的荷蘭人，打呼聲像是卡在洗衣機內的氣壓式斧頭，然後洗衣機還被鎖在櫃子裡再被踢到山坡下。一開始的五分鐘我覺得有點好笑，一個鐘頭之後，就再也不好笑了。

幹，我暗自詛咒著，如果我有帶耳塞來就好了。對了，我想起來了，凱麗在新堡曾經給我一副耳塞，但是我不曉得塞在哪裡。

---

twitchhiker 耳塞戴上了，還是聽得到打呼聲。要不是他打呼真的非常大聲，就是我的膝蓋上也有耳朵，像蟋蟀一樣。不管是何者，我的耳塞都不夠用。

3月3日晚上10:18

荷蘭人終於翻身，而且停止打呼，不然就是安靜地在睡眠中往生，幫了大家一個大忙。兩種結果都替房間帶來平靜，只剩下睡我下面的人不時傳來作噁的聲音。這是個短暫的夜晚，不太像什麼史詩般的探險之夜，但是之後的旅程應該會有很多的。我可以好好睡一覺，因為接下來三天的旅程都安排好了，沒有問題。

「保羅，很抱歉必須叫醒你，有件事應該要趕快讓你知道，」吉內芙小聲叫醒我，就在我剛入睡才夢到貓頭鷹之際。深夜有女子來訪……？這可是打從……就沒再發生過的事，我曾經在深夜造訪過女子宿舍，但是那時我才十二歲，而且是為了打一場重要的枕頭仗。

「我收到一封電郵，是從……德國的安卓雅發來的吧？」

「沒錯，她明晚要提供我住宿，」我小聲回答，不確定這是否值得打斷我的貓頭鷹之夢。「她也是把火車票寄給我的人。」

「沒錯，她在電郵裡也是這麼說，」吉內芙繼續說，「只不過她說她寄錯地址了。」

吉內芙終於得到我全部的注意力。

「我想明天我們應該不會收到火車票。」她解釋，很多餘的解釋。

肯定的嘛！我的天哪！我的腦袋急著思考這件事，看要如何補救。那是星期二晚上，到星期四晚上為止，我還有大約三十六小時可以從巴黎趕到法蘭克福機場，這中間的距離是九百公里。

「謝謝妳的通知，吉內芙，我早上會想出辦法的。」

吉內芙走了，我則盯著天花板。過沒多久，荷蘭人再度復活，魔鬼般擾人的噪音也再度響起。

Chapter 10
竭盡所能的德國女士

星期三早上降臨在巴黎的聖克里斯多福旅館。星期四我就該從法蘭克福搭上飛機，而這個星期三正是那個星期四前的星期三。一個好心的推特客把辛苦賺來的錢花在我的火車票上，然後不小心寄到一個不存在的錯地址。這肯定在進度上是倒退一步，但在某種分子運輸方式發明之前，或是想出其他解決之道之前，我得先享用免費早餐。旅館的酒吧區，早已清掉喝光的啤酒瓶，臭呼呼的背包客現在和同樣滿頭亂髮的客人們混在一起，穿著他們的睡衣。較大的桌子擺滿了麵包、果醬、玉米片、和滿滿的果汁及牛奶。一群旅客像蝗蟲一樣大吃大喝，吞著梅子乾和糕點，避免在晚餐前還得花不必要的任何一分錢。

我對早餐從來不會太過控制。如果某餐廳提供多到不行的培根、油膩的香腸、焦糖布丁、和炒過頭的炒蛋，我會全都吞下肚。如果只是一

片孤獨的吐司塗上果醬，那也不錯。由於我在家當自由撰稿人，我的早餐很多元，包括起士吐司、明蝦三明治、麵條、烏斯特香腸口味的馬鈴薯片、和生高麗菜沾芒果酸辣醬。我的眼前是個嬌小的丹麥女孩，有著藍色眼睛和開心微笑，但灰色睡衣似乎沒穿好。當我看她把玉米片倒進裝了巧克力脆片的碗裡，我嚇了一跳。除了小時候和弟弟在奶奶家會吃不同口味的家樂氏玉米片，我從來沒想過要把兩種不同的玉米片倒在同一個碗裡，從來沒有。

---

twitchhiker 別撈過界。這永遠是個好建議，而且同樣適用於抓鬼和早餐玉米片。

3月4日早上8:11

我看到吉內芙站在酒吧的另一邊。這位深髮色、棕眼、法英混血的旅館經理正朝著我走過來，其實，她是用跳的，用一種開心的步伐。當她在我對面坐下時，她笑了，伸出她的拳頭，裡面是滿滿的歐元。

「我跟德國的安卓雅談過了。旅館會幫你出到德國的火車票費用。」

感謝命運。我從來沒有懷疑過你，除了前一晚，有那麼一瞬間我覺得你是專門來搶人家獎品的。

「如果你的規則容許我給你錢的話，」吉內芙又加了一句。

啊，安卓雅在推特上提議給我火車票，但是還沒給我。現在變成一個第三者以推特以外的方式提供我車票，雖然旅館是在推特上完成贊助的，而安卓雅也不是還沒付火車票錢。

「吉內芙你真好心，但是我得想想，」我回答。「我不知道我是否

可以跟你拿火車票錢。我想，贊助應該要是推特客提供的才行。我不確定，我的規則裡沒講到這部分。」

「我可以到火車站買票給你，」吉內芙提議。「而且這不是旅館出的錢，這樣可以嗎？安卓雅已經給我她的簽證相關資訊，所以我可以用她的名字買票。」

我的德國推特客朋友打算幫我付第二張火車票錢，因為她要看我成功。我想她可能聳聳肩，然後把接力棒再度傳回推特上，讓別人繼續看著辦。我又何必為難自己呢？她已經幫我買了一張票，票一去不回，然後她又買了另一張票。我接受吉內芙的贊助很難說是犯規，所以我很謙卑地收了她的錢——三張皺成一團的藍色歐元鈔票，還有四個一塊歐元銅板，然後又吃了一碗玉米片以示慶祝。我只吃了三種中的一種，我可沒興奮過度。

我回到房間，把行李統統塞到我的旅行袋裡。不是袋子在過去兩天內縮小了，就是我的東西變多了，因為兩個袋子都沒辦法好好關緊了。我已經算是盡可能只帶最必要的少數東西了，但是襪子和褲子和電線仍然滿地都是。經過很多的耐心，把行李統統拿出來，重新打包，大聲詛咒，還有傳統常用的絕招，在拉拉鍊時坐在旅行袋上施壓，所有東西終於在我的重擊和重踏後，被塞進袋子裡。

到薩爾布魯克的火車直到傍晚才從東站出發，也就是說我還有很多時間可以工作，以免回家後收到帳單遲繳警告信，或是變成餓狼的兒子吞食我們聖誕節買給他們的小貓咪。看來我試圖在工作和旅行之間取得平衡還算勉強行得通，但我也因此得在巴黎辛苦工作了兩個晚上。

當我在筆電前辛苦工作時，推特上又出現了一些我抵達美國之後的協助提議，但是沒有人可以提供紐約的一夜住宿。也就是說，當我在隔

夜飛抵大蘋果時，我得睡在地鐵裡面，除非有人把我抵達的消息傳到某個善心人士的耳朵裡。華盛頓特區的人肯定知道這個消息，因為一則推文提議要贊助一張從紐約市到華盛頓特區的車票，另一則推文則提議要在週六晚上讓我在華盛頓特區借宿沙發一晚。不相干的兩人，一個是賓州的凱蒂(推特帳號@katyhaltertop)，一個是華盛頓特區的艾麗森(推特帳號@ateedub)，把我帶向了第二個目的地。至於我在週四抵達紐約市，直到我週六啟程前往華盛頓特區之前，這期間該如何安排，就是一個暫時無解的謎團了。

我在新堡時林西送我的禮物——裝多分支鉚釘的金屬盒——我在週一晚上餐廳用餐時送給了克利斯和他的太太莎拉。當我發現克利斯完全不知道有交換禮物這回事時，我盡可能小心地把這回事帶入我們的談話中。克利斯搜遍口袋，還是拿不出什麼即興好禮，莎拉只好打開她的包包，把所有東西都倒在桌子上，翻東翻西，最後終於給我一張法國的明信片，還有一張郵票。沒想到一個女人亂糟糟的包包裡，有時候還真能掏出一些有用的東西。

我有點不好意思地把這張明信片貼上郵票交給旅館的經理吉內芙。她很輕鬆地假裝很開心，然後以旅館特製的T恤作為交換禮物。而我將以此和德國的安卓雅交換另一個禮物。這雖然缺乏思考或情感價值，倒也還算平實。當我試圖把T恤塞到旅行袋裡時，我最後一次忍不住爆粗口。接著我向吉內芙感謝她的招待，然後轉身離開。我很高興又能繼續我的旅程，倒不是我對旅館有何不滿，只是我一直待在一個地方，沒看到這個城市的任何風貌。而且連續兩天待在酒吧埋首於筆電前，讓我覺得孤單又想家。是該向前走了。

我再度沿著運河往回走到約荷大道，向勞米耶車站前進。太陽再度

出現在晴朗的天空中，祝福我一路順風。我的火車在不到一小時就要從東站出發，吉內芙告訴我東站就在地鐵勞米耶站的下一站。當我走下階梯到達地鐵站時，我做錯了一件事，那就是我沒有完全信任吉內芙的指示，又查了一下地圖。全世界的地鐵地圖都很類似，就像一團蛇蜷曲在一起，以不同顏色標示路線，並清楚標示站名和位置。但是，相較於倫敦的地鐵圖，巴黎的地鐵圖實在很不清楚，糾結成一團，最糟的是，上面都是法文。這對急著趕路的外國人來說，真的幫助有限，而且就像馬留鬍子，沒什麼道理。

雖然我已經被告知搭五號線就能到達東站，但是看來我得換一次車，或許兩次，先搭五號線再換七號線。但是七號線不只一條，我看到一條粉紅色和一條咖啡色的七號線。我也看到勞米耶和東站的標示，但是我看不出來到底該搭幾號線。當我想破頭時，通勤的乘客們成群經過我身邊。我越盯著地鐵圖看，我就越緊張，越怕趕不上那班我連火車票都還沒有的火車。就在這時候，我終於看到了。橘色五號線從勞米耶往北就會到東站，然後再轉向南。我之前沒看到，因為同時有五條線在此交錯。我真是個笨蛋。

當我到達東站，我又做傻事了。我竟然犯了小學學童的錯誤，試圖以我二十年前沒學好的語言和售票員溝通，結果對方以完美的英語回答我，省得我把自己搞得很尷尬。我可是無處可逃呢，是吧？你真是個笨蛋，是個蠢才，暴露了你缺乏教育的事實。早知道當初第二年的法文課應該認真上，就等於幫這世界一個忙了。

當我發現狡猾的法國人把月台藏在哪裡後，我看到了我的火車。它看起來很有風格又舒適。我在英國坐火車旅行了一輩子——不是週末和奶奶到懷特利灣的海邊消磨一天，就是因公往返於倫敦——我對歐洲的

期望都是地下化的。再一次發現，我實在是太沒概念了，這距離簡直可以用光年來計算。我的車票很明確顯示是二等車廂，但是車廂明亮又乾淨，橡木隔間，裝潢豪華。而且我的腳有足夠的空間伸展——我的膝蓋享有整整六英吋的新鮮空氣，完全不用擔心被前座粗魯坐下的無知混蛋給撞碎。我的結論是，頭等艙一定有以牛排為主菜的吃到飽餐點。巴黎東邊近郊的喧鬧慢慢淡出，法國鄉村景色則逐漸展開，四處是拼布一般的田地，許多小村莊散落其間。

　　旅程在火車穿越德國邊境前就沒入黑暗之中。薩爾布魯克終於到了，安卓雅在月台上等我。她有雙藍色眼睛和參差不齊的金髮，穿著防水風衣，看起來憂慮，顯然對我的到來有點緊張。跟她一起來的還有一組德國電視製作團隊，打算拍攝我們會面的過程，跟著我們回到安卓雅的家中進行訪問，然後在當地電視台播出。在我開始推特背包客旅行計畫前，我沒想過我會在途中和什麼樣的人建立實際關係。我更想不到我會和安卓雅優翰這類的人接觸。安卓雅是個中產階級中年人，有兩個已經十多歲的小孩，成功經營著祖父傳下來的家族企業。這可不是什麼小公司，優翰集團源起於艾波博(Eppelborn)，是德國最大食品品牌的供應商，專門提供油脂、早餐穀片、雞蛋等的處理服務。

　　薩爾布魯克車站的入口以玻璃和金屬為外觀，車站外的天氣冰冷潮溼。艾波博距車站約半小時車程，安卓雅開車載我。記者問她是否可以讓攝影師坐在我們後座拍攝整個路程，雖然這個請求有一點點怪。當大家都坐在黑暗中他能拍到什麼呢？我們一離開車站駛入黑夜中，記者說話了。他和安卓雅以德文短暫交談，聽起來是段平常溫和的談話，我一個字都聽不懂。

　　「我們應該把他的屍體丟在哪裡？」攝影師可能在問他的同謀。

「我不在乎，」安卓雅回答。「我們不能在車上取內臟，我才剛把車洗好。」

「好啊，」她的同謀同意，「只要你把下半段腸子留給我作圍巾就行。」

剎那間我覺得心痛——我拋下新婚妻子和兩個漂亮的小孩，拋下一個仰賴我的愛和健康的家庭，然後冒著非凡卻不必要的風險，盲目接受陌生人的支援。我原本打算把我的住宿連絡細節電郵寄給珍和強克比，以確保我的安全，並讓他們放心。但是我沒這麼做，因為我沒有感覺到任何危險。我持續發出的推文表示數千人已經知道我的行蹤；如果我的推文突然停止，一定會有人發覺的。謀殺犯、強暴犯、和邪惡人士肯定很多，但是我選擇相信我一定會免疫於這些人的，這個信仰可能會在我進入德國鄉間時發生變數。

「抱歉保羅，當你的面說德文可能有點失禮，」安卓雅說。

沒錯，沒錯，我是這麼覺得。

「攝影師要我把車內的燈打開，攝影機才能拍我們，」安卓雅又說。

看樣子他沒有要我的腸子當圍巾？真是他媽的太好了。

燈開了，車內籠罩在一片昏黃燈光下。能見度有限，攝影時所謂的對比就沒啥用處了，細節也消失在黑暗中。

「他還希望我們彼此對話，」安卓雅繼續說。

好啊，只要安卓雅還能專心開車我就沒問題，她正開得飛快。我告訴自己不用緊張，我們正坐在一輛堅固、製造優良的德國車上，安卓雅看來則像個很厲害的司機。接著，安卓雅每跟我說一句話就回頭看我一次，出於禮貌，顯而易見，也為了方便攝影機拍攝。簡而言之，我正

坐在車子錯的那一邊，車子正開在路上錯的那一邊，車內的燈和滂沱大雨同時將能見度降低到趨近零，車子時速卻超過一百四十公里，而司機睜著大眼盯著我看。我的括約肌緊到不能再緊了。

安卓雅的家在艾波博鎮中，建築宏偉，是棟四層樓的大迷宮。一樓的其中一間房間用來展示這棟建築的歷史；一片玻璃板上記錄著這棟建築的數百年歷史進程。一個高高的玻璃櫃展示了房子重整期間在地底下挖掘出來的藝術品。有些藝術品甚至可以追溯到拿破崙戰爭期間。這是一個充滿個性和溫暖的家，有著跟主人一樣的特質，這位主人就是這樣大費周章地把我帶到這裡來。

記者和製作群以同樣飛快的速度抵達之後，隨即開始訪問安卓雅和我。我才第一次得知為什麼這個成功的事業家和兩個孩子的母親要投資這麼多時間、精力、和金錢在我身上。她解釋說，推特背包客是一個偉大的故事，而這是艾波博得以進入這個故事中的一個重要機會。艾波博在故事中所扮演的角色，將會永遠被記得，世人們也會認識這個在德國西部的小鎮。這絕對不是謙卑兩字足以形容的了……

電視製作團隊直到一個多鐘頭後才算拍攝完畢，接著是安卓雅的女兒約哈娜和她的男朋友幫大家準備了蔬菜咖哩。米飯經過再次加熱總是不好吃，約哈娜煮的飯在鍋裡放太久都乾掉了。我自己對於煮米飯是不在行，但是我可準備好要大吃一頓，安卓雅倒是都沒吃。她很擔心，可能不希望我在艾波博的停留有任何的不滿，所以又從當地餐廳買了三份白飯回來。我是沒什麼好抱怨的，除了我只能說我自己的語言這件事。約哈娜在蘇佛克的富來林翰大學念書，成績都A，她的英文超棒。除了偶爾幾個音節聽不清，她的字彙和音調毫無瑕疵。安卓雅的英文也很好，只是她缺乏自信。在少數情況下會讓人有種自知不足的感覺，例如

當你的同伴們會說的語言比你要多時。

「我真的吃妳煮的飯就可以了，」當安卓雅出去買白飯時，我再次向約哈娜強調。

「她平常不是這個樣子的，」約哈娜說。「我想她希望你走的時候沒有任何抱怨。」

「我是沒有啊，真的沒有，」我回答。「我不是來吃飯的，我是來看看你們大家的。」

「我知道，她只是有點……」約哈娜停頓了一下。「她喜歡掌控。而且，飯是真的很難吃。連狗我都不想餵給牠吃。」

顯而易見，約哈娜從沒吃過我煮的東西。吃了兩盤新鮮的飯和蔬菜咖哩後，我會到安卓雅的床上度過剩餘的夜晚——安卓雅堅持我睡她的房間，然後她睡在客房，因為客房裡有一堆還沒燙過的衣服。她真的很體貼，但是真的不需如此。如果是怕我亂翻這一家的內衣褲，或是怕我整晚不睡覺忙著燙衣服，那是不可能的，因為我實在太累了。我窩在厚得像床墊般的羽毛被裡，連線到推特，看看法蘭克福之後，是否有任何支援等著我。我應該在隔天晚上飛抵紐約，兩天後的週六早上再飛往華盛頓，但是這兩者之間，目前仍是一片空白。

M4RKM @twitchhiker 我可以讓你在我的旅館空床上睡兩晚！

3月4日晚上7:56

他是提供我從紐約飛到洛杉磯的兩個人其中一人，因為我沒有接受，所以他現在準備贊助我在曼哈頓住兩個晚上。他的熱忱和堅持把我

的惺忪睡眼喚醒了。我連到馬克的推特網頁，看他以前的推文。看著這些即興留下的推文有助於了解發文者的個性。

M4RKM 我希望推特客能接受我的慷慨贊助。我等不及要把他冷卻的血塗在我身上，然後戴上他的臉去吃晚餐。

3月4日晚上8:12

還好事情並沒有那樣發生。馬克米拉斯基是一個固定的推特客，發送很多推文給大家，不斷發出活躍的聲音。他的出發點很誠實，沒什麼複雜的心思，而且距離我飛往紐約的班機已經剩不到十八個小時了。

---

twitchhiker @M4RKM 嗨，馬克，我可以接受你的支援從紐約甘迺迪機場搭便車，然後跟你借宿兩晚嗎？我會請你喝啤酒：)

3月4日晚上10:49

兩則推文，就把整件事搞定了。馬克會到機場接我。我有了一個三天的行程——從法蘭克福到史基浦機場，再到大蘋果，再到白宮。到達坎貝爾島是遲早的事，對吧？只有北美大陸和太平洋的寬廣才能阻擋我。沒有人可以和我一起慶祝這個好消息，也沒有時間，因為隔天我不能工作，所以現在得開始寫作了。當床邊的鐘指向兩點，我的眼睛也無法在螢幕上對焦時，我也該睡了。幾個小時的睡眠對明天是很重要的——明天，推特背包客就要橫越大西洋了。

Chapter 11
被拋向紐約

第五天　3月5日星期四

當曙光乍現，艾波博仍無生氣而且潮濕，天空也懶得好好下場雨，於是空氣凝結成悲慘的毛毛細雨，連降到地面上都有困難。不管天氣將會如何，這對一萬八千個居民來說，絕對是潮濕不適的一天。

約荷家族的早餐七點開始；這可不是我喜歡的時間，尤其當我只睡了五個小時而已。但是這早餐也太驚人了，量大到把餐桌的桌角都壓彎了。有最常見的早餐穀片——有加糖霜的，也有一般的——然後還有管狀穀片、優格、果醬、義式火腿、一般火腿、起司、一大罐榛果巧克力抹醬、還有一整條麵包捲。

「要我幫你煮什麼東西嗎？」安卓雅問我，她正站在爐邊，旁邊有一盒準備好的蛋。我很有禮地拒絕了，然後選擇了一些肉、起司、還有幾個新鮮麵包。

　　「別客氣，」安卓雅又說。「我這裡有蛋，還是你想吃別的東西？」

　　「真的不用了，安卓雅，你已經為我做很多了，我怎麼謝妳都不夠。」

　　「不用客氣，」她說。

　　安卓雅必須先出門去開會，所以她的女兒約哈娜會載我到薩爾布魯克。為了紀念我的來訪，並感謝她花了好幾百塊歐元贊助我交通和住宿，我拿出先前的旅館T恤送她，隨即感到有點不好意思。安卓雅說她已經準備好一個完美的禮物，好讓我到紐約時可以和馬克交換，但是在最後一刻時她改變主意了。她本來準備了她們公司生產的餅乾烘培組，內附一個可以烤出完美薑餅人的錫製模型。倒不是因為這禮物有點俗氣，而是我不能帶有麵粉和酵母的東西通過機場海關。取而代之的是一瓶沐浴膠，或許這瓶沐浴膠背後有什麼特殊意義，也有可能她的解釋在翻譯過程中消失了。無所謂，我的推特友人已經讓我在德國備受禮遇，她真的非常的成功。

　　約哈娜陪我到車站裡買了到法蘭克福的單程車票，然後親吻我的臉頰，祝我好運。我在薩爾布魯克待了不到十五個小時，雖然很累，但是他們的好客讓我暖到骨子裡。我再搭一段火車就會到達法蘭克福，再搭兩段飛機就會到達紐約，等於花了一天在交通上，無法工作，除此之外，生活一切美好。每天，有越來越多人知道推特背包客，並關心這個旅行計畫。我倒沒有因此而得到更多的支援，但是我很盡責地為這些寧

願在背後觀察，也不願參與的數千名偷窺者繼續演出。

　　到法蘭克福的火車和上次搭的火車比較起來明顯遜色很多；這是一輛老火車，慢吞吞地前進，龐大且缺乏溫暖，車內沒有什麼裝飾，座椅很硬，地毯也傷痕累累。逢此狀況，天空也沒有藍色來照亮一切。窗外的風景沉悶，呈現單色調的鄉間畫面。車內乘客不少，讓我難以放鬆，他們則是滿足於彼此的陪伴，或是用德文小聲交談著。我應該是身在西德深處，但是景色令人聯想到東歐共產國家，灰澀、毫無生氣、也沒有餐車服務。

---

twitchhiker 正在薩爾布魯克通往法蘭克福地當地火車上。
第一次感到焦慮——不會說德文，而且沒有人可以幫我。

3月5日早上9:50

　　整段旅程中我稍感恐懼，但是體內腎上腺素的分泌總是能幫我克服一切。我實在沒有什麼正當理由可以感到害怕，但是火車開離薩爾布魯克後幾分鐘，我開始害怕萬一發生了什麼事，我不會說德文怎麼辦？我的胸口砰砰作響，我的雙眼充滿淚水。我沒有辦法解釋。可能我太累了，也可能我慢慢了解這趟旅程可能不見得一直都遇到友善的人，也不可能到坎貝爾島一路上都有豐盛的早餐等著我。我是否會被美國海關扣留，還是個未知數，搞不好我的旅程今晚就結束了。不過，我想我會害怕主要是因為我的無知，因為我完全不了解坐在對面的夫婦到底在討論什麼，查票員試著跟我小聊一番我也無法招架，所以我害怕。我在妄想。

---

twitchhiker 直到現在我才發現我所會的所有德文單字，都是從電影法櫃奇兵(Indiana Jones and the Last Crusade)學來的。

3月5日早上10:13

flashboy @twitchhiker 如果他們找你麻煩，就抓個人來打一頓，然後把他丟到窗外，然後說「他沒買票」。

3月5日早上10:19

　　推特客蜂擁而來，試圖安撫我的情緒。他們說大部分三十歲以下的德國人都以英文為第二語言。有一個人說，我舅媽住在法蘭克福，有事可以找她；另一個人說，如果你受困了，可以隨時打電話到柏林給我。或許我太誠實地在推特上暴露我的恐懼了——沒有人想追隨一個唉聲嘆氣環遊世界的人。

　　火車發出刺耳的摩擦聲進入法蘭克福機場，我的焦慮也很快的消失了。機場是宇宙中一個令人安心的地方；你可以請世界上最棒的建築師來設計，符合所有的需求和目的，但最終它還是灰色的。建築師以無敵的型式建造得獎的結構體，玻璃和金屬材質和諧共置，又如教堂般高聳讚天——但終究還是灰色的。而且，不論機場再怎麼沒有人情味，再怎麼比唐卡斯特(Doncaster，英國南約克夏小鎮)更沉悶，也還是能夠激勵人心；當你以某種交通工具抵達之後，沒多久就又要開始另一段旅程，把機場遠遠拋在身後。事情就是這樣。法蘭克福機場的標示全都翻譯成英文了。

不到一小時，飛機就輕鬆飛抵阿姆斯特丹，之後不到九十分鐘，我已經準備登上往紐約的班機。其他數百人和我一起排隊登機，我聽得到來自歐洲各地的口音，不是很協調。行李箱、登機箱、背包、手提包、我還在登機大廳看到一輛白色的藍寶堅尼。車子被固定在一個很大的運貨板上，開拖車的司機緊張兮兮地把它運上等候的747。一輛白色的藍寶堅尼。誰這麼有錢還能帶著車坐飛機？這符合攜帶額外行李的規定嗎？

在機位上坐下、綁好安全帶、心不在焉地看了今天第二場安全示範，飛機起飛了。感謝我從未謀面的@clocsen(來自徹斯特的法務經理)，我被裝在金屬錐裡橫越大西洋，像古代的投石器一樣被拋向紐約市。我很興奮，想到我竟能神奇地走到這一步，我幾乎無法呼吸。雖有一絲絲的恐懼，但是我得以平靜的向自己慶賀，而紐約正在前方等著我，也讓我勇氣百倍。許多人相信我並把錢投資在我的旅程上，但是我是否能順利通過美國海關，仍然令人存疑。

當飛機經過英國上空，我看了一眼螢幕上的航空飛行圖——卡迪夫、格拉斯哥、伯明罕、和新堡——我們的路線直直略過我家。我哭了，一點點而已；我累了，感到憂慮，想念我家、我的床墊、我的枕頭；我想念很多好看的電視節目。不到一個月，我想念老婆和小孩的程度讓我自己也十分驚訝。我想他們想到身體都發痛。我知道我必須拋開這些憂鬱的情緒，這些連機上電影《真愛囧冤家》(Four Christmases)都無法平復的情緒。前座的人猛然將座椅放倒，幾乎要壓碎我的膝蓋，完全忘了我的四呎的身軀，這對我的憂鬱情緒也沒有幫助。我後面的座椅

則是因為遇到隔牆所以只能立著，所以我好心的把我的座椅也立著不往後倒，結局是我只好正襟危坐整整八個小時。

造訪過紐約一次後，你就會知道從離開飛機到進入航站時快步前進重要性。你要花多久時間才能通關，這其中的差異性很大。運氣好可能是五分鐘，當你急著趕到另一個地方時，可能就要花上九十分鐘。這幾年來情況改善了很多，但是如果只開了幾個通關櫃檯，又遇到其他飛機降落，你就得上緊發條了。所以我快步前進，繞過老弱婦孺，所以雖然我是最後幾個下飛機的，我還是排到很前面的通關隊伍中，然後我看到其他飛機又下來一群旅客，把和我同班飛機的那些人又拋在更後面。

羔羊快樂地逃離了屠殺者獵殺嗎？還是我加速了自己和推特背包客的滅亡？一言以蔽之，並沒有。在八個鐘頭胃部翻攪的焦慮之後，我毫不遲疑，優雅地走向入境通關窗口。在我前面是對歐洲夫妻，正在向通關官員感謝這趟順利的航程；他們的英文不太好，簽證有點問題，結果被要求到後面的移民署辦公室重新填寫表格。輪到我了，漂亮的西裔官員已經開口：

「看起來你填表格沒有什麼問題。」

「謝謝！我一月才來這裡結婚，我想來就會來看看，而且我五月還會再來，所以我練習很多遍了！」

「你在這裡結婚的？你的太太是美國人嗎？」

「不是，她是英國人，但是我希望帶她來這裡結婚，因為我實在是太喜歡你的城市了！」

「哇嗚，好浪漫喔！那你有帶家人一起來嗎？」

「沒有！我們結完婚回家才告訴大家的！這是個祕密！」

「我就希望我的婚禮可以這樣！不麻煩，也不會吵吵鬧鬧。希望你
在紐約玩得愉快！」

「謝謝！我會的！」

全是謊言。強克比和凱麗早就知道我們的婚禮了，所有參加理查史
賓賽生日派對的人都知道，因為我酒喝多了不小心說出來。無所謂，我
善意的謊言沒有被發現，就算發現了，應該也不會因此就不讓我通關。
這段和陽光小姐的交談讓我的心情頓時好起來；我正在全世界我最喜歡
的地方，一個好像我第二層肌膚的城市，應該可以放鬆一下，不那麼憂
鬱了。

我在第四航站大廳等馬克，漫無目地走來走去，試著不在武裝警
察的面前看起來太有罪惡感，同時試著讓我腳部的血液循環恢復，並閃
躲非法計程車司機的糾纏。幾分鐘後，馬克出現，非常好辨認，因為他
手上拿著一張A4大小的白紙，上面寫著@twitchhiker。他長得很高大，
跟我一樣，但是骨架比較大。他的頭髮亂糟糟，有的部分往上尖聳，有
的則捲曲無比。當他確定要贊助我在紐約時，我稍微了解了他一下；他
是來自偉克菲德(Wakefield)的約克夏人，在桑德蘭(Sunderland)的大學念
書，我們剛好有些共同的朋友。他在紐約慶祝他的三十歲生日，不過他
也是愛上了這個城市，所以可以的話就會來看看。我們非常開心的向對
方打招呼，握手、擁抱、感覺我們已經認識彼此很久了。我們坐上接駁
車到牙買加車站，然後又換地鐵進入曼哈頓。途中我跟他說了這幾天發
生的事，然後我們交換了在紐約冒險的故事。馬克白天經營印表安裝的
工作，晚上則做網站的設計和規劃，如此才得以有資金讓他第十一次到
大蘋果來。

「今天晚上我們要去哪裡?」我興奮的贊助者說。「崔貝卡有很多很棒的酒吧,我們可以試試我最喜歡的那一兩家?」

「地獄廚房我很熟,」我說。「今天是你生日,你決定吧!」

「不行不行,我們也要慶祝推特背包客到來!」馬克宣稱。「我可以預見兩個酒醉夜歸的晚上正等著我們!」

「那是一定的,」我說。「我們先把我的旅行袋放回你的旅館,然後就出門。」

「太好了!」我的贊助者歡呼。馬克顯然很高興他在紐約有伴了,至少幾天的時間。

與倫敦的地鐵相較,紐約的地鐵是項款待。地鐵二十四小時通車,主要大站間還有快速列車。票價相對便宜許多,也沒有分區的差價;坐一站,還是坐三十公里從最北的布朗區到布魯克林的康尼島,票價都只要幾塊錢而已。車廂很寬敞,不擁擠,而且還有冷氣,簡直是太划算了。幸福。很少人知道,紐約有位工程師名叫威利斯哈維藍(Willis Haviland)在1902年發明了電力冷氣;但為何一世紀之後哈維藍的發明仍尚未進入倫敦的地鐵,這真是個謎。

在中央車站頹廢的宏偉之外,中城東邊是曼哈頓較不引人注意的一區。這一帶摩天大樓林立,經過不少翻修,靠近東河和海龜灣則有一些老式的赤褐色砂石建築和商店。馬克住在Affinia 50旅館,是一間位於50街和第三大道的三星級旅館。我接下來兩晚的床就是馬克房間內一張空的雙人床。我們待在房裡等我沖個澡,換上乾淨的襪子,然後就出門了。馬克其實只比我早幾個鐘頭住進旅館,所以我們都急著想看看久違的紐約並且大肆慶祝。我的生理時鐘從德國開始就亂成一團,其實不該

出門狂歡的，但是我太想念冒險和啤酒了，只好先不管它。有一家在西城的酒吧正在呼喚我，一家門外有著一隻大豬的酒吧。馬克同意我的提議，在曼哈頓涼爽的空氣中，馬上揮手叫了一輛計程車，急速前往城另一邊的地獄廚房，還有魯迪酒吧。

19世紀，愛爾蘭和德國移民是第一批沿著曼哈頓西邊海岸線定居的族群，這些人在哈德遜碼頭的屠宰場和工廠工作，到地獄廚房吃喝。這些街道是曼哈頓的基礎，幫派大搖大擺喧嘩走過陋巷是常事。當酒精被禁止的1920年代，街頭幫派進化成有組織的犯罪集團，從賭博和嫖妓生意敲詐勒索獲利。1950年代波多黎各移民湧入，又興起一波幫派暴力之風，被浪漫化拍成電影《西城故事》(West Side Story)。

這些粗俗暴力的過往在這一帶沒有留下什麼痕跡。地獄廚房東邊第十八大道附近仍是骯髒且有時令人卻步的區域，充斥著性商品店和脫衣酒吧，曾經是西邊勞工階級和東邊時代廣場附近色情戲院的中間點。在第九和第十大道間的住宅區仍然寬敞，空氣也新鮮；幾條街道都被1970年代的法令保護，限制大樓高度，雖然近幾年法令放寬，現代公寓開始一棟棟蓋起，街上到處可見起重機和混凝土，以及穿著螢光衣的勞工喝著果汁。正當有些居民緬懷著紐約過去的遺跡，有些居民則慶幸這個區域被冷落多年之後，開始得到發展商的青睞。

當我們到達44街和第九大道的魯迪酒吧，裡面擠得水洩不通，包廂也擠滿了人和酒瓶，所以我們只好擠在吧檯，買了三塊錢美金的百威啤酒，還向酒保要了兩根免費的熱狗。酒保是個戴眼鏡蓄鬍鬚的格拉斯哥

人,名叫蓋瑞。他曾當過拳擊手,對捕鯨的歷史很有興趣。他馬上就認
出我來,很用力握了我的手,還倒了兩杯酒請我們。我從去年上次來過
後,就沒再跟蓋瑞說過話,上次也才只是第二次和他碰面,但是他對我
和馬克十分友善,好像我們是每天都來的常客一樣。當地人和笑聲,大
聲的音樂,免費熱狗和親切的酒保。太完美了。這裡是紐約。

我們後來又去了第九大道上的雀兒喜燒烤吧,然後又在47街右轉
過第八大道,去了一家被時間和流行遺忘的酒吧──艾迪森旅館內的萊
姆屋。那是一家燈光昏暗、老舊得像上一世紀的酒吧,有著柚木吧台和
駐唱歌手。這裡靠近時代廣場,表示有很多觀光客會來,但是像魯迪酒
吧一樣,他也是在曼哈頓中心的社區型酒吧,所以有常客不時和酒吧員
工嬉鬧,而且輪流上台唱歌。就像魯迪酒吧對我的親切,萊姆屋也贏得
了馬克的心。他在2001年11月和他的家人第一次一同造訪紐約,就結識
了酒吧的員工。馬克的父親2004年去世,馬克每次來紐約就會來這家酒
吧;酒保依然是荷西,歌手依然是凱倫,他們都會問起馬克的母親和姐
姐的近況。這也是我為何如此喜愛這個城市的原因──很多人都控訴紐
約人很粗魯;他們才不呢,真的。如果你花時間為這城市付出,即便只
是一點點,這城市會一直記得你,並且歡迎你再回來。

我們的放蕩之夜其實收尾得很不放蕩。馬克和我大概一點鐘就上床
睡覺了。曼哈頓的酒吧還有三個小時的喝酒時間,但是我們兩個都坐了
八小時的飛機,已經沒辦法再喝了。明天我還需要早起,我還有工作得
做。當燈關了,我的頭終於倒向枕頭,我真是太開心了;自從我在艾波
博起床後到現在已經二十四小時了,我的身體吼著對我說該睡覺了;我
可是越過了一整片海洋呢!

Chapter 12

翻臉

第六天　3月6日星期五

時差在我設八點鬧鐘響前的幾個小時就把我叫醒了。在我右邊的雙人床上，來自偉克菲德的馬克米拉斯基睡得正熟——只有偶然傳來的咳嗽聲和風聲稍微擾亂了他的沉睡。紐約市十分平靜，沒有喇叭聲或警笛聲，只有窗簾間偶然有車燈從窗外投射進來。紐約市有名的不夜城，酒吧營業到四點，之後還有很多地方可去，但還是需要一兩個小時來打個盹兒。

　　還不到五點，曼哈頓還要一個小時才會醒來。我的四肢發痛，眼袋也已經冒出來。這都是沒有好好睡上一覺的結果，只要能睡一整夜就沒事了，但是上次能這麼奢侈是在巴黎的時候。我把床邊的燈打開，打開筆電——至少我可以利用身體拒絕休息的時刻好好工作，順便看看這幾個鐘頭累積的推文。

由於正當星期五早上，我的三天規則表示我可以計畫到下週一的行程。我隔天的行程已經規劃好了；凱蒂(@katyhaltertop)寄給我一張電子車票，可以從紐約坐閃電巴士(BoltBus，灰狗巴士關係企業)到華盛頓特區，無疑的，速度將不會太快。一旦我到達華盛頓，艾麗森(@ateedub)已經幫我安排好住宿，一開始我先睡艾麗森的沙發，但是我從她給凱蒂的推文看到她已經幫我訂了一間旅館房間。我有點預料到有人會改變心意——在推特上我可以看到大家對於推特背包客的討論，很多人對於讓一個「從網路上」認識的陌生人進到自己家中，多少有點害怕。他們是對的，當然，我是個怪人(陌生人跟怪人在英文是同音字)：我用馬克杯喝紅酒；如果我可以辨認出一道菜的生理部位，我就不吃；我會在尿到一半時就沖水，這樣我的尿才能和水比賽誰快。至少艾麗森還是願意幫忙，不管她打算如何幫。

推特客也提星期日的行程建議。有個叫肯恩的人，來自某個叫斐德瑞克的地方，堅持要開車載我越過三個州到匹茲堡，可以順道經過阿帕拉契步道和國家公路。他的推特帳號@yenra對我來說很熟悉。在我離開英國之前，他就常常在推特上提到推特背包客，以一個成年人來說，我覺得他對我的旅行計畫太過熱衷到我把他當神經病看待，我還懷疑他可能有奇怪的癖好。後來我發現，在他沉迷我的旅行之前的推文透露，他其實是個體貼聰明的部落客，而且有老婆和一男一女兩個孩子。這就讓我放心了——他應該不會把支解的屍體和他老婆週日剩下的烤肉一起冰在冰箱裡，除非他老婆就是那週日的烤肉。

我不知道斐德瑞克到底在哪裡，或是該怎麼去到那裡，但這應該不是個問題。肯恩已經和@wordtravelsfast，一個住在華盛頓名叫羅麗的推特客約好，羅麗將於週日早上載我從華盛頓到斐德瑞克。所以計畫是這

樣的，從華盛頓到斐德瑞克，再到匹茲堡。這肯定是往對的方向邁進一步；從東岸往內陸前進好幾百公里，接下來就有很多選擇了，而且以擁有兩百多萬人口的匹茲堡而言，要得到大家的注意力應該不是問題。

> **twitchhiker** 好，要開始冒險了。我會接受@yenra的支援，週日從斐德瑞克搭便車到匹茲堡。
>
> 3月6日早上9:38

　　馬克到布魯克林去了，我則掙扎著完成一天的工作。從四樓窗戶看到的景色一直吸引我的注意力。我很忌妒地看著第三大道越來越熱鬧的景象，渴望到東村走走，或是把自己淹沒在中國城魚市場的吵雜和臭氣中。直到午餐時刻，這城市美麗的混亂證明了她的魅力，我逃出三星級監獄。我遊蕩到43街和百老匯交叉口的布魯克林餐廳吃午餐，同行的還有兩個在對街康泰納仕集團工作的推特客；蘇珊和她的朋友柔依。他們想聽我的冒險還有我沒有乾淨內衣褲穿的故事， 或許他們沒有要聽後者這個主題，但我還是說了。我沒有點漢堡或什麼大餐，只點了鷹嘴豆泥和皮塔麵包。我從來沒有點過鷹嘴豆泥當主菜過，而且我吃得狼吞虎嚥，但又不希望他們有刻版印象，覺得我是一個粗魯英國人在國外吃到牛油滴到衣服，還從齒縫裡挑出軟骨來。

　　在我回到第三大道前，我看了一會兒百老匯的角落，還花了一點時間欣賞時代廣場上的霓虹燈。這顯然是觀光客做的事，空洞膚淺，但是那種感覺、那些色彩、那些聲響，就是紐約的精華，就像在秋日暖陽下走過格林威治村，或是一整晚在下東城泡不同的酒吧，時代廣場是這個城市獨特的興奮經驗。

@

回到旅館，我再度回到書桌前，手指繼續開始敲打鍵盤。推特提供了很多令人雀躍的理由，這次是網路旅遊公司Orbitz的贊助：

> **Orbitz** @twitchhiker 你的計畫實在太棒了！我們想提供你機票從匹茲堡飛到芝加哥，並附上兩晚旅館住宿。
>
> 3月6日下午3:08

我的旅行規則容許我接受公司和個人的贊助，雖然這是一段飛行航程，但只是兩個城市間短距的航程。沒有其他人提供支援，而且我覺得我應該順勢而為，所以我很樂意地接受這項提議。這表示週日晚上我和肯恩到達匹茲堡後必須在那度過一夜，而我還沒得到這個城市裡任何人的支援。不過還有兩天，先別急。

敲敲敲。我的手指不停敲打著鍵盤，太陽也逐漸下沉到哈德遜河上。敲敲敲。我在紐約的一天慢慢過去了。推特上有些追隨者冷嘲熱諷說我用不正當的手段騙取一段免費旅行——實在太過分了，也並不好笑。但話說回來，每當我聽到旅遊作家抱怨這是個累人的職業，而且常常把旅遊的樂趣給破壞了，我其實頗有同感——但是你正在度假耶，而且是免費度假，你這個幸運的混蛋！

稍後我要和charity:water慈善機構的團隊碰面，但今天也要慶祝馬克的三十歲生日，所以我打算把工作做完，然後五點時到第三大道上的豬和口哨酒吧(Pig 'n' Whistle)酒吧和他碰面。當我終於擠進酒吧裡，費力穿過鬆下領帶的上班族時，已經七點多了。我設法坐上在酒吧一頭

馬克旁的高腳椅，馬克把我介紹給酒保，那是他喝了四品脫啤酒後結識的朋友。酒吧實在太吵，我根本聽不清楚酒保的名字，或是談話的任何內容。

　　我又坐了幾分鐘，買了一品脫啤酒替馬克慶祝生日，一邊默默喝著我自己的酒。馬克和我對著彼此的耳朵吼叫，當一個人要另一個人重複剛剛說的話時，另一個人剛好搖頭抱怨一個字也聽不清楚。沒多久我已經掙扎著保持清醒，我的眼睛快睜不開了，我講話也開始口齒不清。今天我才剛有機會要放鬆一下，但是我的身體已經決定要向今晚投降了。

　　雖然馬克沒說，但是我可以感覺到馬克對於我的力不從心有點懊惱，我一直說要給這個城市好看，但是我已經沒力了。他不高興是應該的，我真是個糟糕的夥伴。在我走前，我只能說聲抱歉，我重新擠過人潮，蹣跚地走了五條街回到旅館。再過一個鐘頭我就得出發到雀兒喜(Chelsea)和charity:water慈善機構的團隊見面，所以我設了手機鬧鈴，放在床頭櫃上，把棉被拉到下巴包緊，一會兒就昏睡過去了。

　　手機震動狂叫，但不是鬧鈴的聲音，是來電鈴聲，是珍打來的。當我睜開雙眼，手機上的時間頓時顯示，紐約的九點，等於家裡的凌晨兩點。

　　一定發生什麼事了。

　　電話通了，但在我說話之前，先傳來一陣控制不住的啜泣聲。小孩出事了，最好不是，拜託！

　　還好不是。是我們七個月大的貓咪愛麗。牠是隻黑白相間悲慘的流

浪貓，有著彎彎的鬍鬚。在聖誕期間牠開始定期注射癲癇藥劑，每三、四天注射一次。一個月前牠才被閹，注射就是在那時停止了。那天晚上稍早，愛麗癲癇發作，一次接著一次，持續了整整一個鐘頭，最後牠虛弱的身軀耗盡牠的所有力氣。

我對這隻貓的狀況不是太沮喪——這雖然不是好消息，但也不是全然沒有預料到的——但是聽我太太傷心的哭聲才真正令我有錐心之痛。我應該在家安慰她的，應該抱著她，牽著她的手。在星期六凌晨兩點鐘，應該搞清楚如何處理死掉小貓屍體的人應該是我。但是我什麼都沒辦法做，我只能跟她說我很抱歉，我很愛她，但這是不夠的。我在電話中也哭個不停，為了我因遠遊而無法向孩子們解釋發生的事而不斷道歉。我這兩天累壞了，而且我恨我自己離家那麼遠。我旅行還不到一個禮拜，我已經支離破碎。我必須振作，在今晚結束倒下之前，我和慈善組織還有約。

旅行的第六天我已經為charity:water慈善機構募得了將近兩千三百英鎊，但是我開始相信如果我在受訪時再多宣傳一點，我可以募得更多。記者們固定時間會打電話問我旅行的近況，而且電郵不斷湧來，問我很多問題，所以我一有機會就會把用水的事實說明清楚——世界上每八個人中就有一個人沒有安全的飲用水可以喝，而每年因為缺乏乾淨的水而死亡的人口，比其他暴力型式死亡的人口要多，包括戰爭。

charity:water是一個成立於紐約的慈善機構，創辦人史考特哈里遜(Scott Harrison)在雜誌的一篇特別報導中得知我的募款計畫。他在前幾

天推文祝我旅途平安，當我抵達紐約時又推文邀我和他的團隊碰面。我的腦袋在五千公里之外，但是我可不打算在旅館房間裡閒晃。馬克幫我買了地鐵周遊票，所以我在列新頓大街搭上E線，到14街下車後再走到第九大道和15街的交叉口。

我和史考特及其團隊約好在雀兒喜市場(Chelsea Market)碰面，那是個室內購物中心，有餐廳、麵包店、酒吧，位於雀兒喜和肉品加工區的邊緣地帶。雀兒喜市場利用之前那比斯科的工廠(一世紀前Oreo餅乾發明的地方)外殼改造，當你循著工廠走道通過後工業時期的商場，經過橫樑、導管、和大樑，即可感覺到歷史的存在。

charity:water慈善機構的團隊正在市場內，為星期二即將舉辦的VIP活動準備。他們的員工和義工正連夜趕工，旁邊擺滿汽水和長條型油膩膩的義大利臘腸比薩。我振作精神幫忙，但又缺乏熱情，當我幫忙搬運五加侖的汽油罐兩小時後，我已經沒有力氣也沒有意願再繼續下去了。

史考特一直到我決定離開時才和我見到面──他那時正在批評員工的工作，並指揮別人做事，而我則打算溜回旅館──如果我在自我介紹後馬上就走，似乎沒有意義，而且顯得沒禮貌。

「你是保羅吧？」天哪，史考特在我拿外套時發現我了！我為我的無精打采道歉，但是他的態度很正面，對於我能夠旅行到這麼遠，感到震驚。

「保羅，你正在做一件偉大的事，」史考特評論。「你把大家團結在一起，你的旅程是個啟發，象徵著世界上仍有良善。」

我謝謝這位帥得令人難以忍受的慈善企業家，謝謝他的好話，並再度為我的疲憊道歉。

「別擔心你的旅程有多麼累人，好好享受冒險。你不是獨自一個人

在做這件事。」

他說得沒錯,當然。這是一場冒險,也可能是很多人參與的很多場冒險,只要沒有半途而廢的話。

當我逃向格林威治地鐵站,對於史考特的支持感到高興時,我的手機又響了。已經是半夜十二點多了,表示是家裡的早晨五點,不過不是珍打來的,是一個叫做傑西的紐約人。他是我在幾年前透過他前任女友的音樂部落格認識的。我曾和她相約碰面,結果我們溜進了Supergrass(英國另類搖滾樂團)在包爾街的現場演唱。傑西是另一個帥得不像話的男人,幾乎是艾爾帕契諾在電影教父裡的翻版。是典型的紐約自由派人士,白天在MySpace上班,空閒時拍攝短片。他住在布魯克林的威廉斯堡,常常到洛杉磯參加派對,是娜塔莉波曼之類的人會出現的那種派對。不過他可不膚淺,或是自我中心,他很誠懇,討人喜歡,無憂無慮,不做作也不浮誇。我們一年見面不過一、兩次,但我視他為好友,而且他也參加了我的婚禮。所以當他問我有沒有空和他以及他的未婚妻喝兩杯,我想都不用想就答應了。

紐約有好幾家酒吧在爭誰是城裡最老的酒吧;這其實要看你的定義是什麼。舉例來說,布魯克林橋下的橋頭餐館(Bridge Café)從1847年起就一直是個喝酒的地方,雖然店名改過幾次。東村的麥索利酒吧(McSorley's)則是在1854年開張並宣稱是最早的沙龍。然後是18街的比特酒館(Pete's Tavern),約是在麥索利酒吧之後十年開的,宣稱是開得最久的酒吧餐廳。

18街再往西的老城酒吧(Old Town Bar)並未捲入這場戰爭，它於1892年開業，雖然如此，它是紐約最棒的社區型酒吧之一。歷史悠久的裝潢款待了紐約客一世紀之久，有著古老的桃花心木和大理石特製的吧檯、高聳的金屬天花板、通往樓上餐廳的彎曲樓梯；如同麥索利酒吧和比特酒館，到老城酒吧就像經歷了曼哈頓的歷史。

我看到傑西和他的女友梅蘭妮蜷縮在老城酒吧樓下一個包廂裡，一人一杯當地啤酒。我因為太累已經有點麻木且神智不清了，但是當我喝下一品脫啤酒，又一品脫，我終於在好友的陪伴下徹底放鬆。我倒不是跟梅蘭妮很熟，我們只見過一次面，就是在我婚禮結束後那晚，但是一個晚上的相處自然就熟了。酒吧裡其他酒客說著有趣的故事，大家喝酒、舉杯相邀，愉快的氣氛讓我足以回味好幾年。

至少第一個小時我是這麼覺得。

我的神智不清再加上三品脫啤酒，讓我和梅蘭妮的熟稔程度更為加深，我放鬆過度結果說了冒犯她母親的話。

不論你現在想像是如何冒犯的話，我跟你保證絕對比你想的還糟很多。

「我不敢相信你說這種話，保羅。這……保羅，這太過份了。」

梅蘭妮雙眼大睜，下巴都掉下來了；她不敢相信我居然會說出這些話來，但是我不確定她是不是真的不高興，所以我又繼續說下去，希望她會給我一個苦笑，然後這件事就此為止。可是並沒有。我看了一眼傑西，他也沒笑，而且一點也不打算要笑。我到底幹了什麼？這個夜晚馬上凍結，沒救了，只剩下我啜泣著道歉。我們本來說要再到另一家酒吧去，結果當然沒有人再提起這件事。我失言後沒多久，傑西和梅蘭妮就離開了。傑西和我熱情握握手，梅蘭妮則是冷眼瞪著我，然後兩人就

轉身離我而去，沒入黑暗中。

　　我轉向相反方向，朝百老匯走去，然後停下腳步。我的雙眼充滿淚水，我已經看不清楚前方的道路，今晚第二次我覺得自己支離破碎，痛哭失聲。我靠在牆上，胸部喘得很劇烈，胸骨像是要斷了一般，我的想法也變得黑暗起來。我知道發生了什麼事，知道我為什麼在黑暗中崩潰。我的極度疲勞迫使我屈服於腦中的化學失衡，推翻了理性思考。這是我刻意在推特上隱瞞的事實，而且，如果我再不想辦法控制我的現況，我的麻煩就大了。

　　我在地球上的這些日子，已經樹立了沒有耐性又脾氣火爆的名聲，所以當我在三年前被診斷出有躁鬱症時，我一點也不意外。事實上，當我在生活中許多粗心大意或迷失的時刻，我反而因此得到平衡；後來，我發現我從十六歲起就已經開始面對我的心理問題所導致的後果，或許更早，我也樂於在學校維持雙重身分，扮演超級英雄綠燈俠(Green Lantern，虛構的漫畫角色)。了解這些並不代表我過去的行為可以得到原諒，但這讓我理解我的行為，並和自己和平相處。

　　在我的診斷出來之前，有時候我會醉得不省人事，我的情緒像是翱翔到平流層，猛烈燃燒，越燒越亮，然後爆炸成彩色光束。接著，我的開關好像被關了，又突然陷入黑暗的深淵中，只有孤獨和絕望陪伴我。我努力在人前隱藏這極端的瘋狂，但是像珍和強克比之類的朋友常常看著我這樣，早已心知肚明。

　　我的診斷讓我了解自己，而了解自己讓我得以控制自己。我慢慢知道我的地雷在哪裡，什麼情況容易發病。最主要的因素就是睡眠，或者說缺乏睡眠；在就學時期，我的情緒穩定度和我連續熬夜的次數有很明顯的相關性。在藥物的幫助下我很快就能控制我的行為，就算我失控

了，我有一小群朋友會把我拎回家善後。

我會儘可能把我的情況和朋友分享，才能避開心理疾病患者有時需要面對的無知。躁鬱症並非人間煉獄，讓病患飽受外界的折磨，但是當面對那些盲目接受躁鬱症病患的人時，那確實會是一種折磨。

我覺得我的病讓我變成一個更好的人，讓我的腦袋得以解放，不時冒出鬼點子和活力。我還是很享受瘋狂的高峰，但是藥物控制以及一晚好眠可以撫平我不穩定的情緒，並減緩低潮的時刻。我因此成為一個更健全的人，相較於以前的我，也比較沒有破壞性。

在我出發之前，我曾經和珍及強克比討論過，我的情況將會面臨什麼複雜的挑戰。我不希望我的狀況影響了推特的中立性，因為無知會讓人考慮是否要參與這個計畫，或是讓人以不同的方式對待我。我老婆和我最要好的朋友，都質疑過我是否能應付這趟旅行的殘酷本質；一切都是即興發生，沒有慣性，很少休息時間，擔心失敗的風險，還有成功的結局要面對。我們的結論是，我應該接受我可能很脆弱的這個事實，然後努力共同面對——透過電話或簡訊，透過關愛的話語和安慰。

凌晨一點，打電話回家還太早，所以我坐在街頭，強迫自己把絕望的情緒排出。經過一小時的寒夜獨坐，腦中的混亂終於慢慢退去，再次浮現理性有條理的想法。

推特背包客開始成為一個獨立的個體，有自己的權利，有著比我更有勇氣的個性。推特背包客也不會坐在曼哈頓黑暗的角落，像喝醉的奧斯卡得主一樣哭泣。史考特說的沒錯，我的冒險之旅是獨一無二的；隨機且無情，也非常耗費精力，但是我並非獨自旅行。很多人看著我有這樣的機會，我應該要振作起來。再說，我的背已經失去知覺了，天空也開始下起雨來。

Chapter 13
推特客的人肉接力

第七天　3月7日星期六

星期六早上，我以比較正面的心情醒來，比前一晚上床時的心情好多了。我設法在鬧鐘響前睡了六個鐘頭，戰勝了前晚的惡魔。

當馬克玩了一整夜回來，看起來不太高興，因為我答應他要瘋狂慶祝他的生日，結果我食言了。當我們交換禮物時，彼此又重新客氣起來。我把從艾波博的安卓雅那裡換來的沐浴乳拿給馬克時，我不太確定他會有什麼反應。他顯然覺得這個太過實際的禮物有點好笑，然後他翻著行李箱，在他的衣服裡找來找去，把襯衫和襪子都拿出來了。

「我準備了一個非常得體且充滿英國風味的禮物，」馬克很驕傲的宣布，拿出一個封好的藍色盒子，八十個兩人份的林頓茶包(Ringtons，英國知名茶葉和咖啡品牌)，由新堡一家歷史長達一個多世紀的公司所生產，他們至今還以人工宅配茶葉到你的家中。我很想伸一隻手指到盒

子裡偷一個茶包來杯早茶，因為一杯好茶無疑可以解決所有的問題——從日常生活的煩惱到世界戰爭——但這項特質在我們美國的同胞身上已經失傳了。你們的美國祖先為了抗議，把茶葉都倒到海裡去了，這可不是泡茶的方法啊。(註：此指發生在1773年的波士頓茶葉事件，北美被殖民者為了抗議英國稅收政策，在美國麻州波士頓傾倒茶葉，最後引發著名的美國獨立戰爭。)

我的旅行袋已經塞不下八十包上好的茶包，而且其中一袋早已塞滿了髒衣服。除了一條乾淨的短褲，其他衣物都沾滿了汗漬。有人建議我要帶洗衣粉，結果這又是另一個被我略過的明智建議。我很確定我帶了第五雙乾淨襪子，不曉得到哪裡去了，有個轉接頭也不見了，我隱約記得它插在德國某個牆上的插座裡。

禮物交換和打包完成，馬克在第三大道叫了一輛計程車，我們要坐到33街和第七大道交叉口的車站搭乘閃電巴士(Bolt Bus，在美國東北部營運的平價巴士，與灰狗巴士是關係企業)。那是清新溫暖的一天，春天已經降臨紐約，華盛頓氣溫二十二度。這些，加上我有乾淨內衣褲穿，讓我覺得很快樂。我的旅程又重新回到軌道上。

在麥迪遜花園廣場高聳的玻璃大門對面，已經有一、兩個人在33街一角的斯巴羅比薩店(SbarroPizza Joint)外等車。我手上拿著我的電子車票；到華盛頓四小時車程只要美金十五元。當馬克和我正在討論這麼便宜的票價會不會乘客擠到不行，一輛閃亮的黑色遊覽車慢慢的滑進33街，然後溫柔地停在我們身旁，車身的表面在曼哈頓的陽光下閃閃發亮。各位先生女士們，這，可是閃電巴士，而且對疲憊的旅客們來說可能是最令人賞心悅目的巴士。從阿姆斯特丹的中央站到現在，這是我對交通工具最感到興奮的一次——免費無線上網。當我行經新澤西州、賓

州、馬里蘭州、，然後進入哥倫比亞特區的這四小時，我不用無謂地枯坐；我可以一路工作。無線上網，在一輛巴士上，當它開著的時候！這可是黑魔法，比巫術還屬害，但卻不需要用到小人娃娃或是讓死人復活的把戲。接下來該做的就是和馬克紮實地握握手，還得到一個意料外的擁抱——他對於紐約和推特背包客的熱情讓我的好心情又更High了。

---

twitchhiker 更新：到華盛頓特區一半的路程了。今晚將住宿特區，明天到匹茲堡。尚無地方借宿，也不知道週一該如何到機場去。

3月7日下午12:29

四個鐘頭沉悶的旅程讓我可以釐清一下我的行程。接下來的二十四小時我等於是個人肉接力棒；凱蒂(推特帳號@katyhaltertop)會在特區的巴士站接我，然後把我交給愛麗森(推特帳號@ateedub)，也就是幫我安排當地住宿的推特客，雖然我還不知道會是在哪裡。隔天羅麗(推特帳號@wordtravelsfast)會來接我，並載我到斐德瑞克找肯恩(推特帳號@yenra)，然後我們一起開車到匹茲堡。

我的公路旅行夥伴仍然讓我有點擔心；在緊張的狀態下，我覺得這個陌生人的熱忱令我窒息，他每半個鐘頭就推文一次，讓我覺得近乎奉承。他也不間斷地在部落格上談到我們的匹茲堡之行：

「今天稍晚，我要到超市買些點心和飲料。雖然我希望我們途中可以停下來吃頓飯，但是我不希望我們缺了什麼。所以我會準備一個攜帶

式小冰箱，裝滿冰塊和飲料，還有一整盒脆片點心和餅乾。請推文給@yenra，如果你有任何好吃的點心可以建議。」

「還有音樂——請告訴我你希望我加那些歌到我的播放清單上。這是我們規劃旅程的好機會: 告訴我該準備哪些點心和哪些歌曲。」

部落格上還有一些照片，是她女兒製作的磁性汽車貼紙；我們的名字會被貼在肯恩野馬敞篷車兩側的窗戶上。為什麼要搞得這麼花俏呢？

> **twitchhiker** 歐巴馬似乎正在重新翻修華盛頓特區的所有道路。他說的「改變」，就是指瀝青的改變。
>
> 3月7日下午2:25

閃電巴士除了無以倫比的工藝上的成就，它在瞬間移動上的能力明顯不足，所以當我們抵達第10街和H街的車站時，已經晚了半小時。要來接我到華盛頓，並陪我度過一個下午的是凱蒂，一位活潑健美的二十多歲棕髮女孩，她在賓州約克(York)的廣告公司上班。

「我在想，你要不要參加一、兩個當地的觀光團到處看看，」凱蒂用很可愛的南方腔調輕聲說。「還是你想做別的事？」

我很清楚我想做什麼。我想看看那些我在電視上看到的美麗建築，然後不停讚嘆。

「我們可以到處走走看看就好嗎？看看白宮、國會大廈，可以嗎？」

「當然可以，」凱蒂開心地說。

星期六午後，陽光炙熱，我可以暫時不當推特背包客休息一下。這是旅行這一週以來，我頭一次終於可以向觀光客一樣玩耍。

我們開了一會兒車到第三大道，然後爬上美國公共健康與社會福利部(US Department of Health & Human Services)大樓附近的大岩石；這棟大樓看起來，比我從九季的X檔案裡看到的FBI總部要大兩倍，跟其他我在街角看到的大多數建築一樣。附近是美國國會以及寬闊的國家大草坪(National Mall)，這個三公里長的國家公園，西從國會大廈一直延伸到林肯紀念堂，也就是以林肯紀念碑為主體的建築。這個紀念碑宛如衝破天際，像根石頭製的針一樣，花了四十年才建造完成。之後，有五年的時間它是地球上最高的建築結構體，直到1889年被艾菲爾鐵塔所取代，也是整個草坪區史詩般規模的一部分。無盡的草坪兩側盡是雄偉的政府建築和無數的博物館。這滿載歷史的區域有數百萬人到訪，當國家和平時，大家同來慶祝，當國家有戰爭時，大家則來抗議。但是，如同中央公園，國家草坪也是當地居民和觀光客的休閒中心。而今天的好天氣則吸引了上千民眾到草坪上野餐，或者漫步在慢跑者之間，還有許多玩飛盤的團體。

在我們繼續往前走之前，凱蒂和我先到國立美洲印地安博物館(National Museum of the American Indian)內的餐廳吃中飯。和上次一樣，我堅持想從菜單上挑選比較奇特的菜色，於是我選了一碗水牛辣豆醬。看來水牛似乎把牠的腸子清空，然後通通往我的盤子裡倒，所以我吃了一大碗的豆子湯和許多的肉骨頭。味道還不錯，每一口都不斷提醒我水牛是一種軟骨很多的動物。

當我們走上國家大草坪，從國會大廈一路走到華盛頓紀念碑，一大碗豆子和軟骨正在我的消化道內，感覺怪怪的。我們晃過一間中等庭園

大小的房子，我差點沒看到它，如果它不是叫白宮的話。還真小。

「我的姑婆在科比倫岱(Kirkby Lonsdale)的農舍還比這裡大呢！」我指著白宮跟凱蒂說。

「真的嗎?」凱蒂說。

「沒有啦。不過她真的養了很多牛，」我說。「每天她會要我到牛棚去拿一桶新鮮的牛奶。那個牛棚就真的比白宮還大。」

「你擠牛奶？」凱蒂問。

「是啊，當然。不然你拿牛來幹嘛？」

「我們拿來烤肉，」凱蒂回答，然後大笑。

我們請別的觀光客幫我們在這些世界知名的紀念建築物前照相、聊天、然後不急不徐地到處逛逛。凱蒂熱情地聊起她現在正在丹佛的大學念書，聊到身為德州人的許多樂趣，當她聊到家庭烤肉時，方圓十里之內到處都是碳烤味和大家狼吞虎嚥的景像。

當夕陽餘暉逐漸散去，我們接著和安排我當晚住宿的艾麗森碰面。艾麗森在推特上的照片是一隻眼睛，沒有別的了，所以除了一隻藍眼睛外，我無從得知她的外表，結果她是位苗條的金髮女郎，而且有兩隻眼睛，但是感覺有點疏離，有點提防我。

我們開車到第8街的香蕉咖啡廳(Banana Cafe)，這裡的華盛頓彷彿變成了另一個城市，沒有雄偉的圓柱或大理石，也沒有冰冷的水泥辦公樓，但是有講究的低樓層建築群，所有建築都低於三層樓，各有不同風格和顏色，一棟接著一棟。這裡是國會大廈的歷史城區；距離全世界最有權力的男人的家不過咫尺，我覺得我們好像踏進了美國小鎮。

　　香蕉咖啡廳是個明亮黃色的兩層樓古巴餐廳，柔和的夜晚吸引了不少客人。我們三個到二樓的吧檯等餐廳的空位，結果遇到了紅頭髮的羅麗(推特帳號@wordtravelsfast)。她就是打算載我從華盛頓到斐德瑞克和肯恩碰面的人。凱特(推特帳號@wonderchook)，一個在華盛頓定居的推特客，發現我們在推特上往來的推文，就很好奇而來看看。所以我們總共是五個人，大家彼此都從未謀面。喝了一、兩壺瑪格麗特(酒吧裡標示著「城裡最好的瑪格麗特！」)之後，尷尬的冷場逐漸消失，轉變成故事和笑聲。龍舌蘭也讓艾麗森的舌頭慢慢鬆開，我的住宿地點改變的原因也真相大白。

　　「都是我男朋友啦。推特背包客要來住在我們家這件事讓我覺得很興奮，但是我男友說『什麼是推特背包客？』所以我開始解釋我要邀請這位我在網路上聽說過的先生來我們家過夜，睡在我們家的沙發上，結果他就……」

　　「他怎樣？」我問。

　　「我們決定你還是不要睡在沙發上比較好。」

　　「喔。」我說，然後馬上覺得有點尷尬。

　　又喝了一輪瑪格麗特，交換了兩次禮物；凱蒂的禮物是一個藍色的香氛蠟燭，我則給她紐約的馬克準備的林頓茶包。蠟燭被轉送給下一個即將幫助我的艾麗森，而艾麗森準備的禮物是手織的圍巾。我還蠻喜歡這條長長的咖啡色圍巾，於是接下來的夜晚我一直戴著它。

　　後來我們移到戶外的桌子，享受華盛頓溫暖的夜晚。大家都點了墨西哥玉米餅(我的加了額外的辣椒)，只有艾麗森點了一道波多黎各菜叫

做魔方鉤(Mofongo)，是用一種像香蕉的植物煮熟後，打成泥。我們剛見面時艾麗森顯得膽小害羞，但是在傳播界工作的她慢慢顯露出她遊歷四方、迷糊電腦迷的個性。羅麗談到她在社區媒體的工作。凱蒂可能是我認識最硬底子的女人，矮小黑髮的她，之前是冰上運動(Roller-derby)的選手，那是一種美國運動，選手穿著溜冰鞋突破對方重圍競速得分，就像英式橄欖球一樣，但是要穿溜冰鞋。

我到匹茲堡的公路之旅隔天一大早就要出發，所以我和羅麗約好時間她來旅館接我，之後大家互相道晚安。艾麗森陪我到國會大廈東北邊叫計程車，坐到亨利公園飯店(Henly Park Hotel)，她幫我登記住宿後，我們像老朋友一樣互相擁抱，然後各分東西。

當我進到裝潢優美的房間，還有乾淨漿過的床被，我的恐慌透過龍舌蘭的後勁陣陣傳來。下一個夜晚的住宿還是沒有著落，匹茲堡的兩百萬居民完全忽視我，這表示再過不到十八小時，我有可能要首度露宿街頭。

Chapter 14
陷在大人身體裡的男孩

第八天　3月8日星期日

如果你即將展開一趟長達八小時之久的公路之旅，然後又在行前吃了道地的水牛辣豆醬，和加了額外辣椒的墨西哥玉米餅，那你就是頭號大笨蛋了。你應該是不會這麼做的吧？我在大吃一頓時萬萬沒想到後果將會如何，直到我打算好好睡上一覺時，終於被難以忍受的胃絞痛給痛醒，於是清晨時我花了一個鐘頭坐暖了馬桶座。亨利公園飯店的打掃員工早上來打掃時，肯定對這位外國旅客不會太滿意。

我的這一天註定漫長但刺激；雖然要走的不是66號公路海岸線，我的贊助者肯恩可是大費周章，打算創造一個令人難忘的經驗。前一晚，另一個推特客和我討論了肯恩對此行投入的瘋狂程度。某個副警長將從一個超大的鍋子裡發現我被支解的屍塊，這可能是遲早的事情。當然我們對於贊助者的瘋狂也只是開開玩笑，但是我將和一個陌生人一起待在

一個狹小空間。可真的引起我的憂慮。還好肯恩的福特野馬是敞篷的，如果我難以忍受，我大可以把自己拋出車外。

在我和肯恩碰面並遭到不可避免的禁錮之前，羅麗開了一個小時的車帶我從華盛頓到斐德瑞克。她凌亂的豐田房車到達我的飯店時，已經遲到了十分鐘。很明顯的，昨晚的古巴大餐也把她整慘了，她的眼睛布滿血絲。雖然她住在華盛頓波多馬河(Potomac River)對岸的阿靈頓(Arlington)，但她對首都的道路也不是很熟悉。而且她和她的女聲衛星導航系統顯然處得很不好，因為系統堅持不肯顯示華盛頓到斐德瑞克的路線圖。等到系統好不容易顯示出路線圖，羅麗已經不打算理她，開上自己認為對的路線，也就是說，我搭上了一趟華盛頓的偏僻森林觀光旅程，導遊卻是兩位互不溝通的女人。在幾個錯誤的轉彎之後，我們沿著海岸線向北走上馬里蘭州灰澀筆直的洲際公路，融入週日早上的交通中。前一天陽光普照的藍色天空，被毫無特色的一大片雲給取代，我們行經了洛克維爾(Rockville)、德國村(Germantown)、和克拉克堡(Clarksburg)。

我們穿過斐德瑞克的大街小巷，最後左轉進入一條街，街上都是一、兩層高的住宅，一看就知道哪間是肯恩的家，因為肯恩已經在門口等我們了。我們車子都還沒停好，肯恩一家人也已經在門口排排站。

「羅麗，你可以幫我一個忙嗎？」我在拿旅行袋時小聲跟羅麗說。

「當然。」

「你已經把肯恩的地址輸入你的衛星導航系統了，對吧？能不能請你把地址傳給我老婆？」

我從筆記本撕下一張紙，寫上珍的電郵地址。

「只是為了保險起見，你知道的。」我試著不把我的些微恐懼表現在臉上。

「你很害怕是不是？」羅麗笑著說，完全把我看穿了。

在我和肯恩之間大概是十步之遙，羅麗的車停在對街，肯恩全家和野馬房車正等著，而我必須在這麼短的距離內緩解我的恐懼，並一起慶祝我的抵達。

老實說，我每次要和新的贊助者見面時都緊張到胃痛。推特上好多人都問我，我每天到一個新地方，就把信賴交在陌生人的手上，這到底是如何辦到的。對此我沒有答案，就是單純地相信對方吧。肯恩這些天來對我的關注現在更覺強烈，而這只是徒增我的不安罷了。

「保羅！你來得正好！我們也剛準備好！」肯恩的笑容和他的肩膀一樣寬闊，他是個高大的人。他握手的力道簡直要點燃了我手指頭內的骨頭，而且他顯得很亢奮。

「這是我太太羅拉，我兒子提米，我女兒凱薩琳，這是我們的兩隻狗陶德和蘿絲，這是我準備的小冰櫃，」肯恩完全沒有暫停的意思，指著野馬車內座椅間的黑色大箱子。「我還準備了這些零食，還有一張CD，裡面的歌都是推特上的追隨者建議的，有的歌真的很棒，你一定會喜歡的。」

我猜的沒錯，他真的很瘋狂，不過不是嗜血連續殺人魔那種瘋狂，他比較接近湯姆漢克斯在電影《Big》中飾演的角色，一個陷在大人身體裡的十三歲男孩，極度興奮，結果被一場冒險搞得昏頭轉向。肯恩家中的其他成員對此都感到有點突然，但是都清楚這是肯恩的責任範圍。當肯恩要我靠近野馬看看她女兒的磁鐵傑作時，羅拉和提米慢慢的回家

裡去了。凱薩琳的作品很精緻,把我們的推特帳號以及charity:water的字樣放在上面,貼在車窗兩側和車子後面。然後我們又看了一下冰櫃裡的飲料有哪些,再看看所有的糖果和零食。真嚇人。簡直令人無法招架。而且充滿了感染力。肯恩無窮的精力讓我對他的偉大冒險感到忌妒,直到我頓時想起,我可是要坐在他旁邊跟他一起進行這場冒險呢!

我從華盛頓到斐德瑞克,一路上都戴著艾麗森送我的手織圍巾。雖然羅麗堅持我把圍巾留下來,我還是希望接下來能夠繼續交換禮物,於是我把圍巾拿下來,交給羅麗。已經熱淚滿眶的羅麗則給我一副大西洋城的撲克牌,還有一張保險桿貼紙,上面寫著「維吉尼亞是戀人之地」。那是喝了太多瑪格麗特的人睡前才在書店架上瞄到的緊急禮物,但肯恩一點也不介意。他用來交換的是一張框好的相片,以推特背包客為主題,也就是我。肯恩從網路上掃瞄了我放的照片,然後製作成蒙太奇拼貼。他的臉上充滿驕傲,感覺強烈到我覺得他好像要來親我了。這應該是一個很好的交換禮物——啊~!

推特上很多人都在幫我重複轉發我當晚的住宿需求,但是我還不如找死人幫忙好了。匹茲堡的人口超過兩百四十萬,但是一點反應都沒有。再過八個小時我就要露宿街頭了。

斐德瑞克這個地方似乎是根據一個英國貴族斐德瑞克‧卡偉特(Frederick Calvert)命名的。他是十八世紀中期馬里蘭省的總督,也是史上最大的地主之一。當他從他父親繼承貴族頭銜時,他同時也繼承了這塊殖民地上所有的稅收和租金收入。當年一個月一萬英鎊的收入,

換算成今天的幣值，免不了要揮霍一番。你可以想像，在1751年時，當一個二十來歲的貴族發現他一個月可以賺到一萬英鎊，他會做些什麼事呢？沒錯。卡偉特從來沒有踏上馬里蘭這塊土地，因為他忙著在歐洲的女人堆裡鬼混，三不五時就被控強暴和謀殺，然後又被宣判無罪。他也不斷顯示出他對於室內裝潢的驚人品味。他在蘇里(Surrey，英國東南方一個郡縣)的伍德寇特公園(Woodcote Park，現為高爾夫俱樂部)內的頹廢裝潢被形容為「荒謬」、「俗氣」，證明了即便在十八世紀，有錢也買不到品味。斐德瑞克‧卡偉特是個喬治亞噴射機旅行富豪，或者如他伊頓公學(英國知名貴族學校)老師偏好的形容，他是個「壞名聲的放蕩份子」。他對於在船上嘔吐八個星期，遠渡重洋前往看望他的子民們，一點興趣也沒有。

從斐德瑞克到匹茲堡本來可以走高速公路，但是肯恩選擇了一條風景可看性較高的路線，走上歷史國家公路。這是美國政府在二百年前最初建造的公路之一。但是，首先我們得先到肯恩最愛的山口家庭餐廳(Mountain Gate Family Restauran吃早午餐，所以我們往北走到塞蒙(Thurmont)。這是一家當地知名的自助餐廳，週末可以吃到飽。大家真的什麼都吃，把盤子堆得又高又滿。一間寬闊平價的餐廳裡，陳列著一排排的熱食、沙拉和麵包、牛肉和甜菜根、布丁和派、雞肉和起司、還有個退休第二春的人顧著燒烤肉架，身上退色的刺青彷彿訴說著故事。我先吃了點彎管麵加起司，然後吃了一盤肉，最後吃了冰淇淋。我不想吃過頭，讓胃撐得難受，而且我發現每三個人就有一個是龐然大物，女人和小孩也包括在內。

吃飽了，我們回到車上向匹茲堡出發。只要沿途有值得欣賞的景點可拍照，而且離主要道路不遠，我們就會停下來，順便伸展一下雙腳。

「我想我們應該在卡托克廷(Catoctin)稍微停留一下，」肯恩決定。「我們可以拍一些你在老舊鐵爐前的好照片！」

在美國革命期間，那些加農砲就是用這些已經有好幾世紀歷史的鐵爐鑄造的。我只好進到那看來髒兮兮的磚造建築裡，照肯恩的指示擺姿勢，肯恩是個充滿熱情的業餘攝影師。

「要不要去大衛營看看？」肯恩問。「我們可以進去看看，如果祕密情報人員沒有把我們趕出來的話。」

「我們可不想招惹祕密情報人員吧？」

「別擔心，他們不會拿槍射你的，」肯恩說。「不過森林裡的狙擊手可能會喔。」

我們滿懷野心想要從卡托克廷山地公園門口開到總統的鄉間別墅區，幸好，路被路障給擋住了。狙擊手離開了，我則打算來看看冰櫃裡有什麼。我拿了一罐沙士，喝了一口就發誓再也不喝第二罐了。我覺得好像把一整條肌樂酸痛凝膠擠到喉嚨裡去，一路上都不會有肌肉痠痛的問題了，但是我得用洗髮精把嘴巴從裡到外徹底洗淨才行。

我們往西走上77號公路，只要遇到和阿帕拉契山徑(Appalachian Trail，從喬治亞州到緬因州，橫跨十四州，綿延超過三千五百公里的登山步道)相交處，就會停下車來。

「我真的很想拍一些你在森林裡健行的照片！」肯恩說。「推特背包客征服阿帕拉契山徑！」

我可沒有真的征服什麼，我們也不過在森林裡走了不到一百公尺，一方面因為我們穿的鞋不是標準的登山鞋，但主要是肯恩不停的提到山徑裡出沒的蛇和熊，讓我覺得直腸緊縮。

又走了一陣子，我發現遠處有一座山丘，有著犀利的切角；原來是賽德林丘(Sideling Hill)，一處深入岩石層數百公尺深的人造山丘，於是肯恩又停下車來。當我們爬上頂端的觀景台，我才意識到我已經旅行很遠了：

> **twitchhiker** 推特背包客的旅程已經持續一週了！目前人在馬里蘭州的賽德林丘。有誰可以告訴我我現在距離新堡多遠嗎？
>
> 3月8日下午1:02

世界各地上的推特追隨者把這兩地鍵入網上距離計算器，結果跑出一個數字：五千七百二十公里。雖然坎貝爾島還在遠方，但我覺得這個數字還是蠻有成就感的，本來大家還質疑我是否能走出新堡市中心，而現在我已經要邁向美國中西部了。過沒多久，推特上傳來更棒的消息：

> **aikaterine71** @twitchhiker 我會贊助你今晚住宿，週一送你到匹茲堡機場。我會和@yenra協調碰面的地點和時間。
>
> 3月8日下午1:02

這時，如果某個西行的卡車司機碰巧經過賽德林丘，又碰巧往上看，就會看到一個白癡觀光客正雀躍地跳著滑稽的方塊舞。我晚上不用擔心睡不著了，我的每個毛細孔都得到解脫了。推特果然沒讓我失望，冥冥中自有出路。提供贊助的凱薩琳並不在匹茲堡，所以我們必須到西

維基尼亞的威林(Wheeling)和她碰面。這有點偏離我們的路線，因為要再往西。我雖然有地方住了，但是覺得匹茲堡竟然沒有人理我，真是有點好笑。除了MSNBC網站上的一則新聞，我對這座鋼鐵城市來說是不存在的。沒有人想了解推特背包客，他們只想去洗個頭或是吃午餐。我曾經堅持，橫越美國才有抵達紐西蘭的最佳機會，但是我活生生就是被兩百萬多人給當作空氣。希望這是第一次，也是最後一次。

　　我們繼續向前邁進，走遍馬里蘭州、賓州，和西維吉尼亞州的寂寞公路和偏遠小鎮，濃密的森林遮蔽了大地。一路上我們大部分都在聊天，我偶爾打個瞌睡，我們討論推特和iPhone、肯恩對英國的熱情，以及我對巧克力葡萄乾的熱情。我們也討論他的工作，應該說，我強迫他告訴我他的工作。

　　「所以你是為政府工作？」

　　「是的，我是為政府工作。」

　　「那應該很有趣。什麼部門？」

　　「嗯，不方便說。」

　　「真的？為什麼？」

　　「我也不能告訴你為什麼！」

　　「好吧。那有什麼是你能告訴我的？」

　　「當然有，我的工作是一個我什麼都不能告訴你的政府工作。」

　　這是我整個旅程中，唯一感受到肯恩的語氣中帶著嚴肅正經。但是他告訴我他對於這趟冒險旅程的熱衷，完全只是想要參與一件獨一無二的事。當微軟在電腦上發動革命性的變革時，他錯過了，所以對未來

還有所失的恐懼讓他轉變成一個科技的先覺者，一有什麼新發明的小玩意兒或線上服務，他一定會馬上去試用，確保自己不再錯過任何新奇事物。當網際網路開始慢慢成為主流，肯恩也成為美國政府最早的網站管理員之一。他之所以幫助我，就是因為推特是新的社群網站，而且很刺激，他不想什麼都沒參與，徒留遺憾——這種態度我完全認同。

之前幾天，肯恩就開始準備旅行途中要聽的音樂播放清單，這是他根據推特客們的建議製作的清單：

'Take Me Home, Country Roads' —— John Denver

'The Long and Winding Road' —— The Beatles

'On the Road Again' —— Willie Nelson

'Littlest Hobo Theme (Maybe Tomorrow)' —— Terry Bush

'Rumblin' Man' —— Allman Brothers Band

'Born to Run' —— Bruce Springsteen & The E Street Band

'Road to Nowhere' —— Talking Heads

'Born to Be Wild' —— Steppenwolf

'Radar Love' —— Golden Earring

'Rocky Mountain High' —— John Denver

'It's a New Day' —— Will.i.am

'Already Gone' —— Eagles

'Sweet Home Alabama' —— Lynyrd Skynyrd

'Don't Stop' —— Fleetwood Mac

'Down Under' —— Men at Work

我覺得我和Littlest Hobo(知名影集中的德國牧羊犬名，故事描述牠四處流浪，並幫助人類)差不多，每天都到一個新的地方，尋找一頓飽餐，再踏上接續的冒險，上路之前，先尋找一張可過夜的床。又或許比較像比爾必斯比(Bill Bixby)飾演的班納醫生(Doctor David Banner，綠巨人浩克中的角色)，只是少了吵雜的鋼琴獨奏。不，我的心情是飛揚的。雖然肯恩的熱情一開始讓我害怕，但事後證明肯恩的狂熱產生了令人意外的振奮和鼓舞。我需要更多像肯恩一樣的人陪伴著我。

我們在晚上六點多的時候抵達西維吉尼亞的威林，距離我們從斐德瑞克出發，已經過了八個鐘頭。站在俄亥俄河的河堤上看，威林是一個典型的美國小城，只有約三萬居民。在英國，人口少的教堂城市算是比較特別的狀況，但是在美國到處都可以稱作是「城市」(Cities)。州政府法律可以決定一個只有一匹馬的小鎮是否能叫做一匹馬的城市，所以像田納西州的伍德蘭磨坊(Woodland Mills)這種人口不到三百人的地方，也叫做城市，這還包括牲畜人口喔。

凱薩琳在北邊一條偏僻的主要街道旁等我們。四周沒有其他人或車輛，可以想見，大家都到匹茲堡參加有趣的派對了，只是我沒有受到邀請。我們在公寓旁停好車，肯恩又照了一張相，當做我們旅程的結束。然後，當我從野馬行李廂拿出我的旅行袋時，肯恩靠過來。

「這個，」肯恩很小聲地說著，同時往我手上塞了一捲美金。「萬一有需要，就當做是推特客另一種形式的捐贈吧！」

我看著那捲錢，可不少呢，至少有好幾百塊美金。顯然肯恩小聲說

是不要讓他在斐德瑞克的老婆聽到。我打開肯恩的手掌，把錢還給他。

「肯恩，你的好意我心領了，非常感激，你今天為我做的已經夠多了。」但是肯恩堅持他想做更多。「如果這筆錢放在你口袋裡會燒起來，肯恩，你就捐給給慈善團體吧，」我說。「我會安然度過沒有這筆錢的日子，我保證。」

結果肯恩真的這麼做了。他花了一天的時間載我，又花了一筆錢在餐費、零食、飲料和汽油上，然後隔天他又捐了一百五十英鎊給charity: water慈善機構。這個人是個「好的撒瑪利亞人」(Good Samaritan，聖經故事中無條件奉獻的好人)，胸懷寬闊，願意無盡地付出。

我的新贊助者凱薩琳和艾爾斯頓也是大好人。他們兩人都三十幾歲，在「法律文件服務」的陰暗世界工作，為國際性的法律事務所處理法庭文件。他們從小就是青梅竹馬，是豆子和豆莢般的關係，在威林可能找不到像他們這樣無私的好人了。一年前，這對夫妻在大火中失去一切，包括寵物和整個家。現在他們住在臨時住宅裡，等著重建房子。他們的公寓很小，客廳可以看到北主街，後方廚房的大小約略等於廚房水槽的大小，只有一間房間，衣櫃還得放在浴室裡。在這一間房間的公寓中，擠滿了租來的家具，但是他們仍然願意提供一個陌生人在沙發上住宿一晚，而且顯然這沙發也不是他們的。

艾爾斯頓和我幾乎整晚都在討論科幻片；他分享了77年的夏日時光，以及他在這附近看《星際大戰》電影的回憶。我則大談電影《印地安那瓊斯：水晶骷髏王國》。我們兩個都很喜歡《螢火蟲之光》(Firefly，美國太空科幻影集)，都認為這是最棒的電視影集。

晚上我們還一起看了高畫質的《誰是接班人》(The Apprentice)，一邊吃了我從來沒吃過的一種比薩，雖然我可是吃過很多很多種比薩的

人。比薩皮是脆的，像脆麵包一樣，起司則只有一半是烤過的，另一半裝在紙袋裡，要吃的時後再灑上去。這種熱餅皮搭配冷起司的做法是狄卡羅斯(Di Carlo's) 的六十年傳統。他們在國家公路上有一家比薩店叫做榆樹園(Elm Grove)。

凱薩琳說，威林的居民都覺得榆樹園的比薩比狄卡羅斯其它餐廳的比薩好吃。我雖然不這麼認為，但是我很享受這裡的比薩和他們的陪伴。當一個擁有兩百萬居民的城市把我當做空氣時，凱薩琳和艾爾斯頓把我接回他們暫時的家，所以我願意原諒威林居民對美食的無知。

那天，我遇到最善良的三個人。我不太了解為什麼推特把我在匹茲堡的存在隱形起來，然後又讓我往西多走了一個鐘頭路程到威林來，但是這都不重要了。就像德克真得利(Dirk Gently，英國偵探小說人物)和難解的禪藝術，我雖然沒有到達我原先想去的地方，但我抵達了我應該要到的地方。

Chapter 15
沒有汗味的T恤真好！

第九天　3月9日星期一

電視影集《X檔案》前五年的影集中，最難解的秘密或許就是穆德一直睡在沙發上這件事了。當大家開心看著外星人入侵、可以控制天氣的電視製作人，以及可以自由來去不同時空的連續殺人魔等等劇情，一個成年男子老是睡在沙發上這個部分，總讓人覺得不太實際。沒錯，沙發實在太不舒服，只適合在吃完一頓豐盛的中國菜後打個小盹，睡再久就不行了。很多沙發的扶手只有薄薄的海棉墊，對於頸椎的支撐有限。只有少數三人座的沙發適合中等高度或稍高點的人躺，而且不需把四肢以奇怪的角度伸展，導致最後四肢發麻。皮沙發雖然好像可以讓人睡得比較好，但是睡了一夜只會讓你全身是汗，一早醒來很不舒服。

但是在威林，對一個離家千里的陌生人來說，沒有什麼事是值得抱怨的。我在凱薩琳和艾爾斯頓家的沙發已經睡了一晚，那沙發可以稱得

上完美。混羊毛的沙發布包裹著沙發，堅實平坦，扶手不高，長度也剛好，而且這還不是他們的沙發呢！誰曉得已經有多少陌生人睡過這個沙發，但我還是把我的臉埋進沙發裡睡得像個嬰兒。我才不在乎呢，這沙發實在太舒服了。

那是個晴朗的週一早晨，距離我到達阿姆斯特丹已經一個禮拜了，接下來兩天的行程也已經確定。當天稍晚我將飛往芝加哥，贊助者是@orbitzgal，一個美國旅遊網站Orbitz的客服團隊。他們也會提供我在當地兩晚的住宿，之後，就又是個謎了。如同上週一樣，推特上有許多人提供贊助，但是我還用不到，因為地理因素。其中有火車票和巴士票可以帶我從B地到C地，但問題是我人還在A地，而且距離數千公里之遠，通常甚至不在同一個大陸上。但我相信終究會有出路的，威林的經驗證明我還是可以繼續向前邁進。

從阿姆斯特丹開始已經旅行了一週，表示我有更多的事需要處理。凱薩琳和艾爾斯頓知道，我四天份的換洗內衣褲在九天的旅程後，是該召喚洗衣機的注意了。希望他們的結論是從小學數學加減法得來，而不是從他們嗅覺得來。看著別的男人處理我的內衣褲，感覺不是很好，但是身為一位體貼的主人，艾爾斯頓堅持幫忙。

當我等著把乾淨純棉的內衣再度穿在身上時，凱薩琳已經為我準備好午餐了。是的，有人幫我提前準備了午餐。是的，有人也幫我洗了衣服。凱薩琳和艾爾斯頓真是太好了。我的午餐是另一個用比薩皮做成的美味食物，也是我從來沒吃過的義式香腸捲。據說這是在1927年由一位在費爾蒙(Fairmont)的居民基賽阿基羅(Giuseppe Argiro)發明的。費爾蒙是個距離威林南方約一百公里遠的另一個小城市。捲起來的義式香腸捲很受媒礦工人的歡迎，因為裡面包肉，攜帶方便又美味，在西維吉尼亞

的便利商店隨時都可以買到，很方便。也因此，費爾蒙宣稱自己是「義式香腸捲之都」，但這不表示門口總有排隊的人潮等著上門。

當我把吃了還想再吃的義式香腸捲吃了一半時，洗衣機已經開始烘乾行程了。於是我跳進澡盆裡沖澡，因為我希望好好珍惜我打從巴黎以來的第一個全套乾淨衣物。乾淨的牛仔褲，沒有汗味的T恤，太幸福了。

打包之前，我把肯恩創作有我在裡面的蒙太奇相片送給凱薩琳。如果凱薩琳和艾爾斯頓考慮要生小孩，至少他們已經有一個消防隊員了。凱薩琳交換的禮物是當地生產的，外層包裹著巧克力的椒鹽脆餅。如果這和義式香腸捲餅一樣脆弱，還不到風之城芝加哥，它可能就已經是面目全非。

在我們開上州際公路駛向匹茲堡前，我們右轉上國家公路，經過威林吊橋。跟現代建築相比，這個吊橋並不大，但遠在1851年之前兩年，它曾經是世界上最長的吊橋。凱薩琳堅持我走過吊橋親自體驗一番。她的堅持讓我感受到當地人很以此吊橋為榮。未烤過的起司餡料、義式香腸捲、曾經登上世界紀錄的吊橋——威林很有看頭。

從威林到匹茲堡機場開車只要一個鐘頭，但是要保持全程清醒讓我很是辛苦。出發後二十分鐘我就已經沒力了，對著凱薩琳的右耳朵鼾聲大作。九天以來的奔波，我的身體感到痠痛。抵達機場前我終於醒來，得以神智清醒地感謝凱薩琳的招待。不論是網路上、網路下、現實生活中，她拯救了我的皮膚。凱薩琳和艾爾斯頓體現了推特背包客的精神，

他們擁有的不多，但是他們毫不猶豫奉獻全部。在機場安檢時有點耽擱了，因為我前面的一位旅客帶了一把刀。雖然是裝飾性質的刀，但是有點長，也蠻銳利的。這位旅客並不了解這有什麼大不了，看樣子他也不了解911這檔子事。終於，我到了88號登機門，等候搭乘美國航空公司的班機到芝加哥的歐海爾(O'Hare)機場。當我看著地面上的飛機時，我覺得一定有哪裡有問題。從外觀上看是架標準飛機，但是飛機裡所有東西都是迷你版。我數了一下座位，總共有五十二個位子，左邊那排是單人座，隔著走道是雙人座。位子很小，而且，如果手提李太大，就得辦理託運，因為機上行李廂只有一排，而且這行李廂小到只能放得下幾包洋芋片。

　　這段航程不僅悶熱，而且令人產生幽閉恐懼，幸好飛行時間不長；我試著去找接駁巴士，但是一堆指標和方向標示似乎共謀要誤導我，而且互相矛盾。我才依照指示走下兩層樓，馬上又有指標要我往上走三層樓。我就像迷宮裡的老鼠，如果理查歐布萊恩(Richard O'Brien，英國作家、演員、主持人)這時出現，並吹著口琴還大喊「請開啟風扇！」(歐布萊恩主持的節目中的經典台詞)我一點都不會埋怨。

　　機場接駁巴士終於抵達芝加哥市中心，停在壯麗大道(Magnificent Mile)上。我之前來過一次，是趟四十八小時的旅行，為了從海軍碼頭(Navy Pier)製作一個廣播節目。由於觀光的時間不多，我只得知不應該和一個打呼的荷蘭人共用一間房間。壯麗大道從二次世界大戰起就是芝加哥的購物中心，也是芝加哥河北邊密西根大道(Michigan Avenue)的一部分。街上充斥著高級精品店、世界頂級餐廳、知名的百貨公司、還有高級飯店。我沒有很注意我訂房的詳細資訊，對於洲際飯店(InterContinental)的期望也沒那麼高。結果沒想到這是個高級飯店，有

著奢華的藝術裝潢，高聳的建築，和附近的摩天大樓如芝加哥論壇報大樓(Chicago Tribune Tower)及箭牌大廈(Wrigley Building)比鄰，都在密西根大道橋的北邊。

一個四星級飯店，有著最高級的郵遞區號，但是大廳裡有個臭汗淋漓的外國人正獨自徘徊。我的贊助者@orbitzgal之後抵達，幫我辦好住房手續。結果，我發現我的推特朋友有兩個頭，不在同一個身體上，這樣就太醜了。因為Orbitz用推特帳號來當客服使用；所以公司裡能夠使用這個帳號的人不只一個，於是我見到了羅拉和凱特，一個是高挑苗條的金髮女郎，一個是稍矮，苗條的棕髮女郎。兩個人都很漂亮，而且都很高興見到我。沒有什麼比這兩位操著夢幻般美國口音的絕妙女郎，更能讓我卸下心防了。

「保羅，我們很高興你真的來到芝加哥了，」羅拉說。

「能見到你真的很棒，」凱特說。「今天在辦公室實在沒什麼意思，能夠來這裡見你表示我們可以早走，所以我們很感謝你。」

喔，原來我是早退的藉口，好啦，沒差啦。

我們沒打算加入芝加哥的夜生活，凱特晚上另有計畫，所以羅拉和我找了一家便宜但氣氛明朗的餐廳吃飯。那是一家在東俄亥俄街的西班牙小酒館，叫做索依妮芙(Soly Nieve)。店裡的小點心有肉丸子、炸肉餅、橄欖、和魷魚，看起來都很好吃，雖然裝潢讓我想起奶奶家的客廳，有種七〇年代的感覺，只是擺設了更多的陶器，和更少的銅馬。

吃飽了，謝過了贊助者，我回到飯店十八樓的房間。那是個很大的房間，對一個人來說太大了，裡面是桃花心木家具和骨董燈，向南可以看到箭牌大廈和和芝加哥河，向東則是壯麗大道上的人潮。我把兩件上衣掛和三件褲子中的一件掛在衣櫥裡，然後泡了杯咖啡，雖然也不怎麼

想喝，打開浴室的水龍頭感覺一下，再打開電視每台轉一轉。把這些住宿的無謂又必須的行為逐一做過後，我把鞋子拿出來，在心裡記得要買除臭劑，然後把筆電打開，輸入信用卡號，開始上網。

Orbitz贊助我在芝加哥兩晚的住宿，但是星期三的計畫還沒成形，感覺不太對。我已經擁有六千名追隨者，每則我寫的推文都會被很多人轉貼，表示有數萬人得知我的近況。許多人問我問題，發出評論，問我人在哪裡？接下來要去哪？我怎麼還沒到達坎貝爾島？但是提供贊助的選擇很少。雜音很多，信號很少。追隨者的增加並不代表支持的增加；我的觀眾變成偷窺者，只想看好戲，對於進展則很被動。離開威林後，只有一則推文是有意義的，來自華盛頓州的彼得威凱(Peter West Carey)：

---

pwcarey @twitchhiker 你需要一張從芝加哥到西岸西雅圖的火車票嗎？

3月9日下午3:42

這可真會成為一場大冒險；超過三千公里的旅途，將穿過洛磯山一直到太平洋。

有多少人會花時間搭火車橫跨北美？這可堪稱史詩之旅啊，而且可以帶我到西岸，正是我要到紐西蘭所必經之地。

等等保羅。別急。有個問題。在美國，大家選擇搭飛機而非火車是有原因的：時間。橫越美國要好幾天的時間，可不像《星際大戰》中花十二光秒就能通過凱索航道。當我橫越北海時，只有一晚沒上推特我就感到恐慌了，突然間，史詩般的冒險失去它的魅力。美國火車有無線上

網嗎？或許彼得可以提供一張票是我可以沿途上下火車的？三千公里不停的火車表示我可能兩天沒辦法上網，沒上網則表示沒辦法工作，沒辦法上推特。

---

twitchhiker @pwcarey 搭火車從芝加哥到西雅圖聽起來很有趣。中途可以下車嗎？火車上有無線上網嗎？

3月9日晚上8:06

我的旅程中首次遇到兩難，因為我設下的規則之一就是：除非有其他贊助，不然我就必須接受彼得的火車票，不管後果如何。目前還沒有其它選擇出現，我必須先好好泡個澡，在睡前好好思考一番。

Chapter 16
我的下一站你來決定

「喂，請問是保羅史密斯嗎？」一個男人在清晨四點半打我的手機。

「……我是。」

「抱歉，你在睡覺嗎？」

「是的，現在是清晨四點半，」我解釋說。

「真的？」

接著是短暫的沉默，我想對方應該是個記者，他應該是看了一下手表，發現北美比英國要晚幾個鐘頭，而非早幾個鐘頭，所以不應該現在打電話給我。

「啊，對喔，你說的沒錯，我晚點再打好了，抱歉把你吵醒。」

喀擦，電話掛了。

這對我的睡眠雖然只是個不到十秒鐘的中斷，但已足以讓我的神經突觸醒來，打算開工，於是我睡不到五個鐘頭就完全清醒了。我累得沒辦法把那個白癡大罵一頓，也沒辦法再回去睡，所以只好穿上T恤和短褲(不過倒不是因為十八樓高還會有偷窺狂)，然後坐到書桌前面。

南面朝向壯麗大道的風景有點像鬼片，但又顯得很壯觀。遠遠望去，北密西根大橋的燈光照亮了濃霧覆蓋下的天際線。箭牌大廈用陶磚砌成的鐘塔，是箭牌口香糖的總部，現在幾乎看不見，只勉強看到角樓和塔樓的輪廓。就在我窗外，剛好對上塔樓壁台上兩座巨大的新歌德風格鬥士石像，格鬥士正看著下方似乎被遺棄的街道。芝加哥的夜晚就像個沉思中的野獸，各式風格的建築匯集在一起，現代的摩天大樓和細緻古典的大樓比鄰。芝加哥以它的天際線聞名全球，一百四十年前就開始一連串的事件，造成今日的知名度。在1871年10月，芝加哥大火幾乎毀了芝加哥，把好幾平方公里內的建築都燒成灰燼，讓三分之一的居民無家可歸。多虧了芝加哥河，稍微阻擋了火勢，使木造的房屋、商店、船隻、和教堂得以倖免。更令人欣慰的是，雖然有超過一萬七千棟建築被燒毀，但死亡人數不到三百人。

芝加哥居民決定在灰燼中重新建造他們的城市，並採用創新的建築風格，最後於1885年建造了第一棟現代摩天樓，也就是十層樓高的家庭保險大樓(Home Insurance Building)。19世紀末最偉大的建築先驅利用了這塊空白畫布(或許還有點燒焦)，創造了一個向天延伸的城市。1893年芝加哥舉辦了哥倫比亞世界博覽會，慶祝哥倫布發現新世界四百周年。城市中的大部分區域都重新建設，新古典主義和歌德風格的影響日漸明顯。直到1960年代，芝加哥又發明了新的摩天大樓，以全新的建築架構建造了第一棟超級摩天大樓——約翰漢寇克中心(John Hancock Center)，

後來又建造了希爾斯大樓(Sears Tower)，並引領了紐約建造世貿大樓 (World Trade Center)。

在芝加哥，你可以看到創新和新世代的強烈融合，富含裝飾性的高塔和令人目眩的玻璃及金屬樑柱競相爭鋒，而這熱情、和建築上的成熟在這城市中比比皆是，而且，全都是從無情的大火中浴火重生的。

星期二早上，當天色漸亮，濃霧也逐漸散去，我也終於有一天可以從旅行奔波中稍微站停一下。這是從上週五以來首度休息，所以我打算把之前落後的寫作進度趕上。這可是個勇敢的想法，但是我的腦袋空空如也。我覺得悲慘混亂，只想發牢騷，不想努力工作。缺乏睡眠和規律生活讓我的思考無法集中，頭腦也不清楚。而無法專注又造成我的壓力，而壓力又更讓我無法專注，所以，那天的大部分時間，我就坐在飯店的書桌前瞎混，看著窗外壯麗的壯麗大道，試圖把腦袋中的文字轉換到螢幕上。

而且，我還得盯著推特，看看隔天有沒有人可以贊助我離開芝加哥，而這讓我又更難專心。直到中午，從好幾個推特客那裡得知從芝加哥搭火車到西雅圖要花上一天半的時間，沿路是不會停下來的。接著，我的巴黎贊助者克利斯在推特上說，火車上是沒有無線上網的，甚至，手機訊號也不是很穩定。

這我可受不了。我沒有辦法一天半不用手機不上網，而且還不知道接下來該往哪裡去。當然，如果沒有其他的選擇，根據我自己的規則，我就必須接受這項贊助。愚蠢的規則。幸好，又有了一個選擇出現，我因為解脫而嘆了一口又長又慢的氣：

> **chrisukstevens** @twitchhiker – 星期三我可以幫你從
> 芝加哥飛到達拉斯,並贊助你在汽車旅館一夜住宿。
>
> 3月10日早上8:13

　　這則推文讓我可以搭飛機,而不用搭火車了。問題是,這則推文是一個朋友發的;克里士和我已經相識多年,當我們在倫敦的英國國家廣播公司共事時,我們還曾經住在一起。更重要的是,我曾經說過要避免搭飛機橫越美國,如果可以的話。如果當時我有其它選擇,我也不會搭飛機到芝加哥。

　　缺乏支持讓人頓失信心,而且我覺得推特客可能開始失去興趣了。這兩天大家的討論很少,慈善捐贈也減緩了。魔鬼爬上了我的肩膀,發出刺耳陰險的笑聲,還在我的耳邊詛咒我。我決定做些有趣的事,讓推特重新充滿活力,並帶動追隨者行動。

> **twitchhiker** 如果中午前我還是沒有其他方案,我只好
> 坐飛機到達拉斯了。如果中午前我又有其它方案可選,就
> 讓大家投票決定我該採用哪個方案。
>
> 3月10日早上10:16

　　我頭一次發現,把控制權交給大家,讓推特來決定我的命運是很有效的,就像電影《楚門世界》中的克里斯多福,而推特也沒讓我失望。

---

ajmullin @twitchhiker 我可以贊助你一張美加巴士車票
(Megabus，平價長途巴士)，從芝加哥到曼菲斯、堪薩
斯、明尼亞波利斯，或其他城市www.megabus.com。

3月10日早上11:19

說到落井下石，美加巴士在英國可是落魄者的交通工具，乘客大
部分是破產的人和學生。不管是要旅行到何地，這都不是個吸引人的
方式，就算是被綁在機翼上，或是裸體逃脫時老二還被卡住，都不見
得比搭乘美加巴士還要糟。我查了一下時刻表，忍不住大聲咒罵；堪
薩斯是我往西可以到達最遠的地方，但是搭乘美加巴士要花上十個鐘
頭，看樣子我得枯坐一天，屁股發麻，無法上網，然後破產，我可以
預料到未來的情況大致如此。推特上的反應也讓我沒話說，在輕鬆的
飛行和半天的刻苦巴士之間，竟然沒有競爭者。大家絕對不會讓我選輕
鬆的方式去搭飛機，而且要是我沒有那麼悽慘疲倦，我或許也會同意大
家的做法。但是我真的累了，所以我沒辦法同意。他們就是打算要折磨
我，換了我也會這麼做的，如果某個又窮又混蛋的傢伙給我機會的話。

我很不情願的在推特上設定投票機制，讓大家為我的下一步投票，
然後先把煩惱放下，和羅拉吉凱特共進午餐。我們在飯店西邊幾條街遠
的餐廳碰面，點了一個芝加哥風格的比薩派，這派圓得像月亮，深得像
沙特(Sartre，法國存在主義小說及哲學家)。

「天哪，」當我跟她們說我決定發起投票，凱特如此反應。「你何
必這樣為難自己？」

「我覺得這樣會更有看頭。我有點像現代的安妮卡萊斯(Anneka
Rice，英國電視主持人)，只是我沒有直升機。」

「誰？」羅拉問我。

比薩派很容易飽，而且卡路里很高，味道不錯，但是我很快就得調整皮帶。連續九天長坐，我的身體都要變成一團麵糰了，肚臍眼和奶頭幾乎要碰在一起。還好我吃得很飽，所以當我走上北密西根大道回飯店的路上，我的心情好多了。人行道上擠滿行進速度很快且西裝筆挺的芝加哥人，一手拿著手機講電話，一手夾著外帶的沙拉午餐。當路上的觀光客們擦撞到他們的高級精品店手提袋，他們忍不住臉上的慍怒。

然後，我想起了投票這件事。我從手機上看了一下推文，發現當我在大嚼比薩派時，討論正在推特上如火如荼展開。有些人基於環保的原因選擇巴士，有些人覺得搭乘巴士的旅遊經驗應該會「比較好」，但是大部分人選擇巴士是因為他們想讓我痛苦熬過十個鐘頭。混帳東西。

搭乘美加巴士到堪薩斯這個選項，贏得了山崩般壓倒性的勝利。不，是雪崩。山崩發生時，所經之處萬物全毀，緊接著雪崩來了，把之前嘗試進行山崩救援的緊急救援團隊一下全給鏟平了。四分之三的人投票給巴士。當然，我只能怪我自己，我引導推特產生如此的結果，所以雖然我不喜歡這個結果，也不該怨天尤人。這都是為了這趟旅行，我再次告訴自己，不只是為了達到目的地。

這場投票讓推特和推特背包客計畫重新充滿活力。我將前往堪薩斯的消息，引發了維奇塔(Wichita)許多追隨者的推文，他們希望我可以去和他們碰面。當地的芝加哥人也發現我正隱身在在他們之間。

wibjess 芝加哥！！！今晚大家一起跟推特背包客見面吧——7點在凱利曼酒吧(the Kerryman)。

3月10日晚上2:25

傑西在芝加哥的曾經旅遊網站(Where I've Been)工作。他留言問我要不要出來玩，我說好，因為我總是說好，因為當你希望到哪裡都有人支援你時，「好」就變成設定的答案了。不過，我得先休息一下，中午吃得太撐，簡直要引起食物昏迷，內臟發痛、發脹、抽蓄，幾乎要爆炸了。喔，比薩派，你為何如此美味又令人如此痛苦？當我二十幾歲時，我的新陳代謝像燒煤一樣，旺得很，我告訴自己我絕對不要變成那種肚子大到垂在皮帶外面的大肚男，然後暗自怨嘆。結果漢堡、比薩、咖哩、派，都眼睜睜看著我打破自己的誓言。什麼也幹不了，我只能爬回床上，希望我的內臟別爆了，把床單搞得一團髒。

經過兩小時無意識的消化和一個長長的溫水澡，我走出飯店，結果遇上傾盆大雨。觀光客和當地人都忙著到處躲雨，街上頓時空了，只剩下車子。我要去的凱利曼酒吧得走五條街才到，但是用走的是不可能的，還是叫計程車喔——不行，我不能叫計程車，與規則不符！我只好把夾克緊緊拉到脖子上，跳上北密西根大道，挨著摩天大樓走。雨勢沒有減緩，我彎彎曲曲走著，大樓的遮蔽也有限。到了凱利曼酒吧，曾經旅遊網站的團隊已經在樓上等我，他們和我一樣溼透了。大家都冷得需要趕快暖起來，所以我們點了一輪烈酒，打算破冰。

來參加聚會的人大約有一打，有的人早走，有的人待得比較久。大部分的人是傑西的同事，其他人則是當地的部落客、業務開發人員、設計師、和導遊之類，有些人彼此熟識，有些人則是第一次見面。推特把大家結合起來，嗯，還有那沒完沒了的烈酒攻勢也是。當大家都灌了第二杯龍舌蘭酒，又灌了一輪德國傑格香料酒(Jägermeister)，我才想到，反正我將要在巴士上待十個小時，我乾脆喝到醉吧！那時候我覺得蠻有道理的，但是實際上一點道理也沒有，因為我在巴士上將會生不如死、

頭痛欲裂、內臟糾結，這我當然是知道的，只是我選擇忽略這個事實。健力士啤酒、傑格香料酒、某種粉紅色上有小雨傘的雞尾酒——任何可以倒進我喉嚨裡的酒我都灌了，只是準確度越來越差。就是這種毀滅性、瘋狂的痛飲，會給我帶來麻煩，雖然這次只是把我帶到藍青蛙酒吧(the Blue Frog)。

泡吧繼續進行，藍青蛙酒吧簡直等於是帶大家到馬里亞納海溝(世界上最深的海溝)一遊。那是個沒有窗戶的小房間，不怎麼乾淨，家具及裝潢似乎是個有十隻姆指的男人所包辦的，到處都是彩色小燈泡，地毯潮濕得像是可以擰出水來。更糟的是，傑西和大家把我帶到藍青蛙，單純是為了唱卡拉OK。據我所知，自從1996年的加納利島(Gran Ganaria，西班牙旅遊勝地)之行以來，我就沒唱過卡拉OK了。而且，我決定摒棄一切讓人墮落的社交活動，例如高唱羅比威廉斯(RobbieWilliams)的「天使」。但是，我人在他們手上。我試著把全世界的酒都乾了，然後在麥克風前搞笑。

我總以為我可以把God Only Knows唱得很好。至少這是我的認知，可是喇叭聲音大到我聽不到自己的聲音。結果，我發現我多年來都在欺騙自己，不過麥克風應該也有點問題。即便在我爛醉的時刻，我也沒有像穿著條紋襯衫彷彿從華爾街場景走出來的傢伙那般五音不全。那可是Love Shack(八〇年代搖滾名曲)欸，拜託喔，你怎麼能唱得那麼離譜？

午夜過後不久，我爛醉如泥，在滿是陌生人的酒吧裡讓自己糗到不行。我拖著腳步回到飯店床上，隔天將要面臨的恐懼早已消失無蹤，取而代之的是喝了五小時健力士啤酒和傑格香料酒後的安靜，和飄飄欲仙的滿足感。

第十一天　3月11日星期三

————個決定要搭十小時巴士的傻瓜，如果再加上宿醉，肯定會讓整趟車程更有意思，有種來自地獄的感覺，不然就是來自同一個郵遞區號的某處，而這傻瓜還把三分之一的衣服留在芝加哥洲際飯店的房間裡——一袋要洗的髒衣服，放在衣櫃左邊最裡面角落，裡面還有我三條褲子中的一條，一件襯衫，還有一件很好的連身衣，是我在柏頓(Burton，英國知名男裝品牌)花了三十二英鎊買的。如果現在還在那兒，那就是你的了。1807號房。恭喜你。

我一直到離開飯店兩天後，才發現我的衣服沒拿。那天晚上，我的左手臂應該是被截肢了，但是一直到我想戴上手錶時我才發現。我的宿醉從頭骨冒出，強烈撞擊著我的額頭。我幾乎看不見，只想瞇著眼睛，避免光線照射到我的視網膜。什麼？我昨晚醉到跟一匹馬結婚了？

好吧，如果你這麼說的話。

我呆滯的狀態並沒有持續很久。在芝加哥凜冽的空氣中，從壯麗大道南邊走到巴士站，把我眼球後的混亂清除了。天空是亮麗清新的藍色，風吹在耳垂和鼻尖上，讓我覺得清醒。雖然我的胃對於我試圖用狂飲來融化它而不太高興，風讓我慢慢忘卻此事。途中我買了一瓶新鮮的柳橙汁，和一包止痛藥，漸漸地，風勢也轉趨柔和了。

美加巴士的站牌在聯合車站的斜對角，又是一棟裝飾富麗的新古典主義建築。通常，我絕不會想要穿過大街去看火車站，但這裡是聯合車站。為什麼？四個字——《鐵面無私》(The Untouchables，凱文柯斯納主演的知名電影，背景設在禁酒末期的芝加哥)。電影中最令人難忘的片段之一，就是躺著金髮碧眼小嬰兒的娃娃車，從聯合車站大廳的樓梯上滾下來。大廳裡到處是幫派分子。凱文柯斯納飾演的聯邦幹員艾略特納斯，一手用機關槍掃射那些幫派分子，同時又急著跑下樓梯去搶救娃娃車。一個大惡棍逃了，科斯納子彈用盡了，而且看樣子也追不到娃娃車了，但此時，安迪賈西亞出現，在慢動作中丟了一把槍給柯斯納，一邊滑過大理石地板衝到娃娃車下面。小嬰兒安全了，壞蛋死了，真是太棒了！而我，站在那個階梯上，在大廳之中。，像聯合車站及紐約中央車站這類地方，是觀光客有興趣的景點；在英國，我們則有倫敦國王十字車站(London Kings Cross)。

我看了一下美加巴士的外觀，雙層座位，品牌色調和英國的一樣。只有六個人在等車，我想人那麼少表示芝加哥是第一站。我好像又回到八歲那一年，一定要坐在巴士上層的最前面。一定要。巴士司機一開門，其他乘客都忙著放妥行李，並把隨身行李塞在座位下，我馬上跳上車，直奔最前方。我本來覺得美加巴士不怎麼樣，不過這輛車裡所有東

西都是新的，一點也不舊。而且，車上還有無線上網。雖然沒有電源，但也不是每輛巴士都可以像閃電巴士一樣的，是吧？如果我能工作三或四個小時，總比都沒做好。大部分其他乘客都坐在下層，或許到堪薩斯途中，會經過幾座矮橋吧。上層除了我，還有一個胖女士坐在我的後面四排，一直忙著把鼻涕擤在手帕裡。我可不想和她交談。

無線上網的好處是，我可以隨時留意推特上的留言，而不受限於手機訊號強弱的情況。倒不是說推特上有很多留言需要我的回覆，像是上次大家在討論要把我從匹茲堡送到堪薩斯，其實匹茲堡的兩百萬人沒有留下任何一則推文。但是，這次我對自己的命運比較看得開了。無法事先規劃有時反而是種力量，因為這代表我可以——收到贊助就立刻行動，當然，得要有人贊助才行。

我不知道什麼時候睡著了，當我醒來，發現窗外的景色早已從擁擠又充滿白色建築的芝加哥，轉變成伊利諾州的鄉村風光。一望無際的原野無盡綿延，像是一塊塊平坦的鬆餅，又直又方，完全沒有彎度或高峰，也沒有坡度或角度阻擋視野。向前延伸的道路經過寂寞的小屋和水塔，五〇年代風格的廣告看板明亮又溫暖，在陽光下慢慢消失。

三個小時後，巴士在離開州際公路的一處卡車休息站停下來。停車場停了一輛又一輛巨無霸卡車，對面是一個老舊的餐廳，遮雨棚已經被風吹破了。天氣可真冷。無雲湛藍的天空，陽光普照在這荒涼偏僻的所在，我本來還期待在離開凜列的芝加哥後，可以有個愉悅的溫度轉換，原來我沒那麼幸運。

twitchhiker 親愛的威武的耶穌，外面好冷啊。我的乳頭
都凍到掉下來了。

3月11日下午12:06

餐廳裡也沒有溫暖多少，裡面盡是嚼著口香糖、穿著法蘭絨襯衫的
卡車司機，就像我在電視上看到的典型，類似電影《超人》第二集中把
克拉克肯特(Clark Kent，超人在片中的名字)痛扁一頓的老兄。那裡就有
一個，狼吞虎嚥著浸在楓糖中的培根和香腸。我點的漢堡可大了，附上
的薯條又粗又油又燙，全部吞下去保證胃酸衝上我的喉嚨。

回到車上，巴士繼續開向遠方，推特上出現了生命跡象，在堪薩斯
州的羅倫斯，大約是堪薩斯市西方五十公里處。

benasmith @twitchhiker 如果你沒有其他的支援提議，
你今晚可以住在羅倫斯，由我贊助，@ljworld。

3月11日下午12:59

班在羅倫斯的新聞世界(Journal-World)工作，那是當地的地方報紙
和電視公司，他們對於我的旅程很有興趣，班甚至提議要到堪薩斯城來
接我。這樣最好了，而且這是目前唯一的支援提議，所以根據規則我應
該要接受。如此一來，我將再次略過一個大都市，並發現在明燈下的善
心人士。至於羅倫斯當地的民眾是如何在短時間內得知我的蹤跡，這就
是另一個令人開心的祕密了——推特正在施展魔術，類似六度分隔理論
(six-degrees-of-separation，是指世界上任何兩個人，只要經過平均六個
人聯繫就能扯上關係)之類的魔術。

twitchhiker @benasmith 這個提議太棒了，我很願意接受你的贊助，感謝@ljworld!我將會經由堪薩斯城到羅倫斯！

3月11日下午1:26

後來，羅倫斯覺得這樣還不夠，因為更多的提議陸續出現。

JonEisen @twitchhiker 我將在週五早上和我家人一起從羅倫斯前往科羅拉多州的丹佛。可以讓你搭便車，要嗎？

3月11日下午2:01

丹佛。在華盛頓的時候，我的贊助者凱蒂，曾經熱情談論著丹佛這個一哩高的城市，但是現在我看著地圖，丹佛的四周似乎什麼都沒有。而且，到週五才要離開勞倫斯，表示我得準備第二晚的住宿。丹佛大約是往西八百多公里，讓我更接近西岸，到時候再想辦法越過太平洋。這就像場賭博一樣，而我仍然宿醉未醒。我從上次的經驗，這種情況通常只會產生一種結局。

twitchhiker @JonEisen 將在週五讓我搭便車到丹佛，我很樂意接受這項贊助！

3月11日下午2:12

JonEisen @twitchhiker 太好了！我們全家都很興奮，車上會很擠，但將會是個難忘的經驗。會盡快把最後計畫告訴你。

3月11日下午2:16

一趟九小時的車程，擠到臉都貼在車窗上，雙手得折到肋骨裡面，還有陌生的一家人整天都在偷瞄我。只要他們不是梅森一族(the Mason family，一群恐怖殺人魔)，那倒無所謂。推特上的檔案照片看起來還算正常，不過大家的照片看起來不都是這樣？

幾個鐘頭過去，沿途風景的變化不大，但我還是拍了幾張路標和風景的照片放在推特上，好讓數以千計的追隨者可以代我忍受這趟長途巴士試煉之旅。怪的是，這趟車程並不那麼折磨人，我完全享受這趟橫越中部數州，在被遺忘的高速公路上馳騁的過程。當我的筆電電池慢慢消耗殆盡，螢幕逐漸消失，我只好坐著放鬆。自從我離開新堡，這是我首次沒事幹，不工作、不上推特、不和人聊天、不做計畫、不需強顏歡笑來掩飾我的疲憊，取而代之的是，我慢慢開始體會到目前為止的成就。之前，我忘了我的旅程有多麼美好且獨特，我忘了有多少人支持我，也忘了讓自己享受一下成就感的滋味。距離我為charity:water慈善機構設定的三千英鎊目標，現在只差了幾百磅，廣播電台和記者們仍在努力支持我，雖然大部分記者無法掌握時差常在半夜打電話來。更重要的是，我還在旅行中，沒有打破我訂下的規則。了不起。這簡直是不可思議。推特持續扮演連結的角色，在不相干的個體間建立信任感。我正在經歷一場生命之旅，這麼多天過去，我開始有所領悟。

在聖路易我們會有第二個停靠站，車程已經過半，密西西比河畔兩岸的摩天大樓開始逐一映入眼簾，其中一棟建築特別令我讚嘆——充滿未來感的拱門。於1965年完工的拱門，閃亮耀眼，讓鄰近的市中心大樓相形失色，矮了許多。一九二公尺的高度，讓它成為美國最高的紀念建築，顯而易見，也是我的公路之旅中最令人震驚的景觀。它的線條和材質實屬罕見，彷彿是用Photoshop軟體把這道拱門給架在城市的地面上，

塑造了藝術家眼中2050年的聖路易。

「我從來沒來過聖路欸。這拱門真是太驚人了，不是嗎？」當我們在站牌伸展四肢時，我對著一位老菸槍乘客說。

「不是聖路欸，是聖路易斯。」這位矮胖、灰髮、穿著過大運動服的婦人連看都懶得看我一眼，但是大聲回答我。

「喔，真的嗎？」英國人會發音成「聖路欸」。

「美國人會發音成『聖路易斯』。」她回我，我的存在仍然無法得到她的眼神接觸。「而且他們真的這麼發音。」

密蘇里的西部天空從藍色轉為紅色，堪薩斯城閃爍的大樓夜景也開始填滿視野。州際公路開始分歧，巴士也進入城市大樓群中。我從手機上了一下推特，發現班留言給我，班就是那個已經把我在羅倫斯的住宿安排好，而且會來堪薩斯市接我的人，只是他現在不來了，換成他的朋友喬伊(@joey96)來。這沒什麼關係，反正我本來就不認識班。巴士在堪薩斯市一條空蕩蕩的街上停下來，我一下車就有人喊我的名字，我回頭一看，那人正站在他的白色吉普車門後。我連他的名字都沒問，就把行李袋全都丟進後車廂，上路了。全然的信任。

美加巴士把我放在堪薩斯市的荒郊野外後，我坐上喬伊的車，往西開上70號州際公路，也就是肯恩和我從斐德瑞克開到威林的同一條路。我的司機喬伊開始解釋堪薩斯州的歷史，以及它在內戰期間成為自由州的角色。鄰近的密蘇里州當初是奴隸州，從堪薩斯市到羅倫斯的途中，

我們經過了戰爭中最慘烈的一處戰場。雖然內戰已經在一百四十多年前結束了，還是有同家族但分別住在這兩州的人，至此還拒絕互相往來；到現在他們還在繼續打內戰。

我們抵達羅倫斯，來到第二街的強尼客棧(Johnny's Tavern)，猜謎之夜的活動才剛結束。羅倫斯是個龐大的大學城，大家都熱愛體育活動，到處是大學兄弟會的大男生，喝著啤酒，努力討好那些不斷咯咯笑的女孩們，大都像是啦啦隊成員之類的女孩子。喬伊說強尼的比薩是本地最美味的，但是我只想吃肉，所以我點了一個大漢堡。

「其實，喬伊並不是我的真名，」當我把洋蔥圈沾到番茄醬裡時，喬伊說。「真的？那你的真名是什麼？」這可有趣了。

「嗯，反正不是喬伊就對了，」這個不叫喬伊的人笑了。「我不喜歡在網路上分享我的個人資訊，所以我創造了另一個身分。」

好吧！

我本來想在推特上自稱無名氏，但是又太老套了。

只要他用的名字不是執法單位熟知的罪犯別名，我就無所謂了。

羅倫斯新聞世界(The Lawrence Journal-World，當地媒體)幫我在萬豪酒店(Marriott SpringHill Suites)訂了一個房間。當我坐下來，手腳都還沒放好時，我就覺得這棟建築不知道哪裡怪怪的。接待櫃台太大太亮了，電梯有點慢，走道又太……嗯，太寬了。這些也不是很重要啦，但是站在那裡實在很難不發覺。

無線上網本來是件好事，沒想到竟然變成一場噩夢；吃完強尼的漢堡後我幾乎要睡著了，但總覺得應該要起來工作一兩個小時。推特上

有很多來自維奇塔的留言，大家都想知道我到底能不能到那裡去。由於我將前往丹佛，所以看來不太可能，但是他們很堅持。凌晨快兩點時，我用Skype打電話回家，用視訊和珍及孩子們說話。每當我有穩定的連線時，我就會打電話回家，那是我一天中的重要時刻。這對我來說可是新的感受——看著我的老婆和孩子，每次都讓我充滿感激，我好想念他們，也好愛他們。我覺得我好像在迷戀我自己的家人一樣，不曉得該如何形容這種感覺。那天早上，我的兒子傑克和山姆準備好要上學，頭髮梳好了，領子從吊帶褲裡以奇怪的角度翻出來，坐在他們媽媽的腿上。他們露出牙齒笑著，向鏡頭揮手，咯咯咯一直笑。然後，山姆說了五個字讓我立刻心碎：「把拔快回來。」

　　我跟山姆說，我很快就回家了，我的雙眼充滿淚水，我答應他，等我回去就會不停地抱他親他。我環遊了全世界才突然明白，我只有在家中才能真正成就自我。

　　推特背包客直到目前為止算是表現不錯，已經為慈善機構募得不少款項，並證明愛心無國界。但是如果你在前一天問我，坐了十個小時巴士，屁股發麻，越過三個州九百公里，我是不是比較開心了呢？我鐵定會問你是不是在嗑藥。到坎貝爾島的旅程，已經證明如同沾上巧克力的西班牙古金幣一般豐富，且令人垂涎，雖然我的心情有時不免低落，但我的決心卻從未如此堅定過。

Chapter 18
困在母豬的腋下

第十二天　3月12日星期四

在地球上持續奔波了兩百五十九個小時又幾分鐘後，我現在正停留在一處偏遠小鎮。我徘徊在堪薩斯的羅倫斯車站前廣場，周圍沒什麼人，天空晴朗深邃，看不出來氣溫會在零度以下，把我的雙頰凍得發麻。附近的街道在強烈的白色太陽光照射下，顯得著白無色，分外安靜，且少有動靜。我距離太平洋和大西洋幾乎一樣遠，孤伶伶在一個餐廳菜單上連魚都很少見的內陸小鎮。

我經歷了一個忙亂的早上，接下來的一天也是同樣的不舒服且不真實。一開始是一通電話訪問，對方是我之前在廣播電台的同事穆斯(他的母親和銀行經理則叫他修)，他是為了曼徹斯特的一家廣播電台來採訪我。接著是羅倫斯的新聞世界進行電視訪問，地點在比薩羅飯店(Bizzaro Hotel)的接待大廳。

我跟克莉絲汀，也就是採訪我的電台的實習生說，我覺得我住的飯店怪怪的。「我不確定怎麼回事，但是看起來不像是飯店。」

克莉絲汀微笑著，不想隨我起舞，沒有針對這件事發表任何評論，就結束了訪問，然後載我到新聞世界的辦公室，好讓我向大家感謝他們贊助我的住宿。這家媒體在當地同時擁有報紙和電視經營權，這是有點反常的。在1995年又進一步成為全國最早在網路上發行的報社之一。編輯丹尼斯安德森微笑著，對於這三合一的媒體經營感到驕傲，程度媲美他談到籃球的時刻。當地大學籃球隊，也就是堪薩斯捷鷹隊(Jayhawks)連連獲勝，這棟大樓中的每個人都是忠實球迷。

在芝加哥的時候，我把從威林得到的沾滿巧克力的鹹脆餅送給Orbitz的女孩們，她們則送我一本芝加哥的旅遊導覽書。之後，交換禮物的部分有點中斷，因為我的美加巴士車票是從電子信箱收到的，然後我又不好意思向喬伊要禮物，因為他畢竟是臨時才加入這趟旅程。所以，我手上只有芝加哥旅遊書，用來和丹尼斯安德森交換堪薩斯捷鷹隊的年刊。

「對了，我是在芝加哥念大學的，」丹尼斯說，並看著手中的芝加哥旅遊書。「我還經營了兩份報紙。」

重要的是心意。

「沒錯，我對這個城市已經非常熟悉，但還是謝了。」

我回到萬豪酒店，再不到兩個鐘頭我就得辦理退房，而且還得在勞倫斯找尋另一個住宿點，因為我明天才要和喬一家五口擠一部車到丹佛。幸好，我不在的這段期間，推特上的追隨者們有著熱烈的討論。威

奇塔的追隨者們希望我去看他們，而且他們不容我拒絕。

自從我抵達芝加哥，我發現越來越多人在討論我往南行的可能性。一開始這種想法的人只有一、兩個，而且是一廂情願，但是當我抵達和大家同一個州後，大家便開始瘋狂。很多人開始集結眾人的力量，雖然他們尚未設法讓我去找他們，但是他們計畫把我帶得更遠，遠到德州的奧斯汀的西南嘉年華(SXSW，South by Southwest)——一個全球聞名的電影、音樂、及科技嘉年華所在地，推特就是多年前在此宣布成立的。如果我到德州去，肯定會和許多具影響力的推特使用者相遇；大家也有機會和我面對面，西南嘉年華是我絕對不能錯過的。

威奇塔的追隨者們幫我規畫了離開方式，但是沒有人可以確保我的到達。大約在六小時之前，一位在都柏林的推特客@chiarraigrrl看到威奇塔眾人的提議，於是提供了解決之道：

> **Chiarraigrrl** @twitchhiker 我可以贊助你到威奇塔的灰狗
> 巴士車票，如果你覺得可以的話……
>
> 3月12日早上11:13

我大概是位於另一個大陸的地理中心點，而一個遠在六千公里外的都柏林無名女性打算幫我買巴士車票。她是誰？她為何要幫助我？她長得吸引人嗎？我不在乎。對啊，不是那麼在乎。我短暫幻想了一下，我接受了這個充滿異國風情、碧眼的愛爾蘭女孩的贊助，然後馬上又想起我的兩個行李袋，這次可別再把衣物留在飯店的衣櫃裡了。

我對威奇塔的唯一印象來自於格蘭坎伯爾(Glen Campbell)的歌詞，我跟你說，這可是世界上最棒的歌之一。別和我爭辯，這是個事實，而

且我不想聽任何反對的話。當坎伯爾唱著他無法擁抱遠方的愛，那嗓音聽起來痛徹心扉，別跟我說你聽了以後，沒有把全身的水分都哭乾。

我的冒險規則中，並沒有規定我不能改變主意，所以與其讓自己陷入道德的迷宮中，我很快就接受了來自都柏林的新朋友的贊助，而對方也很快就把巴士車票的相關資訊電郵寄給我了。當我接受一位推特客凱莉提供的一晚住宿，以及施亞和泰勒提供到奧斯汀的便車，威奇塔的追隨者們為之瘋狂。最後。我推文給@JonEisen，感謝他原本要讓我搭便車到丹佛。我向他解釋，我有信心到威奇塔的旅程將會更有收穫。

太好了。只是，新的行程只留給我不到一小時就得趕到勞倫斯的另一頭，去搭灰狗巴士。

結果，又是班史密斯(@benasmith)救了我一命。

班本來要到堪薩斯市來載我的，但是他臨時生病了，最近得到腎臟感染。幾分鐘後，他到飯店來接我，樣子看起來很糟；臉頰凹陷、骨架消瘦、膚色黯淡、雙眼深陷。他已經幫我很多了，現在他又從床上爬起來拯救我。他是來自牛津的外派人員，之前因為愛上一個有著漂亮美國口音的漂亮美國女孩，所以來到勞倫斯，結果，經過十年之後，兩人漂亮地分手了。

我一直到坐上他的車聊天後，才了解他想幫助我的動機。班的參與彰顯了我此行所有的美好和奇特，也體現了推特上陌生人之間無言的連結。

早在我搭上到阿姆斯特丹的渡輪之前，也早在我在超級市場的麵包區突然發現這個點子前，史蒂芬佛萊就已經在推特上留下超有智慧的推文，而且是每天好幾回。而在世界上這許多國家中，許多其他的推特客對他的推文有所回應，這些回應和言論也出現在網路上，容許任何人來

搜尋並閱讀。班就是其中之一。他對這眾多推文中的一則特別感興趣，也和發了這則推文的女士成為朋友。

當我發現我抵達堪薩斯市，卻沒有人可以幫助我時，就是這位女士建議班來幫助我，當做是為她而做。她的名字叫做黎安，是個三十歲可愛的設計師，有著像白雪公主一樣的金髮和藍色眼睛，身上還有許多的穿洞。在推特上她以@minxlj為暱稱，就是她在第一天時，贊助我到阿姆斯特丹的渡船票。

於是，當堪薩斯市兩百萬居民正忙著洗頭時，這兩個並沒有太多共同之處的陌生人，透過瘋狂的隨機進入彼此的軌道中，一起對我伸出援手。黎安剛好在對的時刻找到對的人來幫我。謝謝你，黎安。也謝謝史蒂芬佛萊。

班把車開到加油站前，小心地從駕駛座上下來，打開行李廂。

「對了，你住的飯店還好嗎？」班問我。

「很好，」我回答。「不過，既然你問了，是有點不太對勁。」

「怎麼說？」

「我不太確定，總覺得那裡的空間不太對。走道太寬、電梯太慢，不像我住過的其他飯店。」

「那可能是因為你從沒住過購物中心。」

原來如此。十年前，萬豪飯店本來是河岸購物中心。我睡的房間可能是之前的美食街。真相大白。

@

　　加油站前就是灰狗巴士往威奇塔的乘車點。有幾個流浪漢散坐在一張破爛的舊長椅上，臉上都是油光。當我來回走動讓自己暖和些時，他們在陽光下斜著眼睛看我。然後，我發現這些流浪漢帶著行李箱。他們不是流浪漢，他們也是乘客，和我同車的乘客。灰狗巴士的乘客。美國旅行的主力。傳奇的精髓。噩夢的先兆。

　　一輛巴士來了，停在加油站前。我檢查了兩次外觀，確定是我該搭的巴士。油漆很明亮也很新，沒有什麼凹陷或瑕疵，車前和車後也都有保險桿。這是灰狗巴士沒錯，感覺很友善，也很值得信任。「啊哈！」巴士對著我說。「這就是美國最典型的大眾交通工具！」沒錯。

　　巴士車門嘶嘶打開，一個胖胖的、臉色不怎麼好看的司機，邊發著牢騷邊走下車。她透過眼鏡邊緣看著面前凌亂的三個乘客，然後慢吞吞地替另外兩個乘客打開行李廂門。接著，她說了我怎麼樣也沒想到的一句話。

　　她叫大家把車票亮出來。

　　雖然他們看起來像是失業的流浪漢，但是在我前面的兩個流浪漢翻遍口袋後還是把車票掏出來了。我則是從口袋裡掏出一張飯店的便條紙，上面有我隨手抄下的車票號碼。我的愛爾蘭朋友並沒有提到車票的事。糟了。

　　「車票請拿出來，」意料中的挑戰來了。
　　「我沒有車票，」這是我可憐的回答，「但是我有車票號碼。」
　　「那你不能上車。」

「是這樣的，我兩個鐘頭前在網路上訂票的，我不知道要到哪裡去領票。」

她死盯著我的兩眼中間，像是要用放大鏡把黃蜂烤焦一樣。

「你應該要到那裡把車票列印出來，」她指著加油站旁的店家。

「哈，鬼才知道要這麼做，你這蠢婊子！」我說，不過只在我的腦袋裡說。

「那我可以現在去印出來嗎？」這才是真正從我快凍壞的雙唇間冒出來的話。

「不行。車子不等人的。」

「好吧。那我該怎麼做才能上車呢？」

她又盯著我看了好久，然後長嘆一口氣。

「把你的證件給我。」

我從口袋裡拿出皮夾，抽出駕照交給她。她仔細看了一下，照片中那個留鬍子的人怎麼看和我都不像。然後，又出乎我意料，她竟然把我的駕照放進她的口袋了。那當下，我很後悔沒有聽大家都說過的，應該在離開英國前把所有證件都影印一份。

「等我們到達威奇塔時，我們再來印你的車票。在這之前，我要扣留你的證件。」

她拿我的證件幹嘛呢？但是我別無選擇，我得搭上這班車才行。我向班揮手告別，然後上車。

上車後，我對灰狗巴士裡面的第一印象是，完全不像外觀那麼乾淨。第二、三、四印象分別如下：

- 這輛巴士聞起來像是母豬的腋下
- 這輛巴士看起來像是母豬的腋下
- 窗玻璃明顯經過深色處理，讓外面的人無法看進來

　　車子沒坐滿；實際上，差不多是半滿，因為每個人都佔了兩個位子。當我走過走道時，我發現有些乘客在睡覺，有些人則完全放鬆到雙腳大開成八字，似乎是要我好好欣賞他們的胯下。醒著的人眼睜睜看著我找座位，就是沒有人打算移動他們的行李把空位讓出來。他們不算是最友善的旅客，一點也不像奧斯蒙一家人。一對戴著棒球帽、穿著格子襯衫，感覺比較傳統的人向我點頭示好，但是也只表示他們看到了我的存在，僅此而已。

　　好不容易，我找到了最後僅剩的兩個座位，就在最後倒數第二排，剛好在廁所正對面。五十滴屎尿遺跡發散出的臭味，在我都還沒坐下時就已經難以忍受了。

　　全世界憋氣最久的紀錄，目前是由三十二歲的湯姆西耶塔(Tom Sietas)於2008年所創下的。這位德國的自由潛水人在水中能夠憋氣長達十七分十九秒。我不只要設法平他的記錄，還得再多憋一百五十分鐘，而且不能用氧氣筒、也來不及減肥、或做任何訓練來增加效率。要不是坐在我後面睡在睡袋裡的的大牙縫女士開始自言自語，坐在我前面的年輕人把座椅倒下幾乎碰到我的下巴，我相信我是可以打破這項世界紀錄的。

　　我打開行李袋，想了一下到底要不要工作，最後還是把筆電收起來。然後，我拿出了十一天前珍給我的狗尾巴卡片，當我再度讀著卡片上的字，我好開心。現在我已經能輕鬆面對我的旅行了，但是我還是很

期待能快點和家人團聚，如果那惡臭、罪犯們、或是司機沒把我的內臟挖出來的話。沒能把你毀掉的事物，只會讓你更加堅強，我認為。

一顆星星的平均壽命，例如我們的太陽，是一百億年，上下差距約是幾百萬年。我在灰狗巴士上所忍受的期間，彷彿已經有好幾千個星體發亮又殞落，一個接著一個。那三個小時有如一輩子那麼久。我從來沒想過要盡快抵達威奇塔，在六個小時之前，我甚至沒想過要到威奇塔去。不過，根據坐在我前面一群愛開玩笑的人們，那裡不叫「威奇塔」。

「威查——哪兒？」(Wicha-where？)

「威查——那裡！」(Wicha-there！)

「沒錯，我們正在威查——這裡！」(Wicha-here！)

而且，第一次他們沒笑夠，在抵達威奇塔前，他們又重複這個玩笑兩次。太好笑了。或許我沒像他們那麼歡樂，是因為我還在廁所的臭氣包圍中，整趟車程中大半的乘客都上了這個廁所。即便是一趟有臭尿壺陪伴的車程，也打擊不了我的精神。我從窗外望去，天空湛藍，旱地金黃；要不是我還記得上車前臉上冰冷的感覺，我會以為這是個可以穿短褲T恤的天氣。整趟車程非常平靜，就像前一天從芝加哥到堪薩斯城的感覺一樣。

當巴士開進威奇塔的街道，湛藍天空已經轉變為令人傷心的灰色。

市中心的巴士站顯得冷清，停車場黑暗老舊，我將在這裡和當晚的贊助者碰面。她的推特暱稱是凱莉(@CarrieFollis)，雖然我之前已經接受她一晚的住宿贊助，我也只知道她的名字。她很嬌小，年約三十，穿著簡潔，有著一頭及肩金色捲髮。跟她一起來的還有賈許(@joshdutcher)，相較之下是個很隨和輕鬆的人，穿著休閒牛仔褲，傻傻地笑著。他們兩個很好認，因為只有他們身後跟著一個當地電視台KSN的攝影師柯瑞。

「保羅，嗨，我是柯瑞。嗨。你可以再做一次嗎？」當我走下巴士和凱莉及賈許打招呼時，他問我。

「嗨。好啊。什麼？」

「走下巴士和凱莉及賈許打招呼——你可以再做一次嗎？」

我急著要和新的贊助者講話，但是當地新聞希望推特背包客能上十點整的新聞，所以我只好再重新上下一次巴士，而扣留我證件的司機顯然不太高興。後來，我的證件原封不動地拿回來了，然後大家一起前往凱莉的家，科瑞則跟在我們後面。

凱莉和賈許是威奇塔當地一個生活和娛樂雜誌裸露城市(Naked City)的主要幹部。我很快就發現他們一起工作，但是在車上聊過後，我還是不太確定他們是不是一對，或者只是很好的朋友。

凱莉的房子是間位在轉角的小屋，當我們停好車時，灰色天空開始下起雪來。不是很大的雪，而是很細很細，下了好像沒下的小雪。

「下雪？我以為堪薩斯一年到頭都是陽光普照的？」我問。

「你知道你在說什麼嗎？」賈許笑著說。

「我知道，我只是以為三月應該要溫暖一點。」

「你以為你在加州，」賈許說，「或是墨西哥，或是任何堪薩斯以外的地方。」

凱莉的家乾淨溫暖又舒適，而且整齊得有點不真實。桌椅上沒有成堆燙好的衣物，也沒有早上留在廚房水槽裡的早餐空盤。柯瑞在整潔的餐廳架設好所有設備，錄製好半小時的訪問，然後準備離開，並答應晚一點要跟我碰面。柯瑞還需要更多畫面，供十點的KSN新聞使用，我們還要聊聊稍晚的推特網聚。

凱莉帶我到晚上睡覺的房間，看起來像是個十幾歲少年男孩的房間，幸好房間裡沒有少年男孩。我很小心地把事情搞清楚了，以免無意間產生誤會——凱莉有小孩了，賈許不是小孩的爹，凱莉的老公正在上班，賈許是凱莉的工作夥伴，下班後一起來湊個熱鬧。

我匆匆淋浴了不到一分鐘，就回到房間打開行李。在威林的時候，凱薩琳幫我洗好的短褲到哪裡去了？結果我發現：

> **twitchhiker** 天哪。我想我把一條短褲和其它一些衣服留在芝加哥的洲際飯店了。媽的。
>
> 3月12日下午5:22

想到堪薩斯，你通常會想到一望無際的金黃色玉米田，盡頭是炙烈的太陽，頭頂則是甜美的藍色天空。至少這是我個人在到達此地前的想

像。然而，實際生活畢竟不是藝術作品，雪持續下了整夜，雪花被冰冷的寒風吹得到處飛舞。

凱莉載我們到威奇塔市中心，參加慶祝我到來的推特網聚。這個城市看起來很平常，不是個擠滿金屬高塔建築的城市，而是有著寬闊道路和低樓層房舍的城市。

我們把車停在被雪掃過的東道格拉斯大道，然後走進鐵錨酒吧(the Anchor)。酒吧呈現長馬蹄形，右邊是吧台，左邊是餐廳，餐廳的一半被預留下來供我們聚會。我的胸口隨即因焦慮而緊縮，接著尷尬來了——即便是在大城市如華盛頓和芝加哥的網聚，人數也不超過一打，可是今晚，他們預留了三十個人的座位，目前到場的則只有我們三人。

然後，攝影師來了，不過不是柯瑞，而是另一個人。而且，他也不是KSN電台的人，反而是KSN競爭對手KWCH電台的人。他看了一下周遭，不太了解人都到哪裡去了，於是他問了一下這是不是推特背包客的網聚，也問了他是否可以採訪推特背包客本人。

當他做採訪並拍攝我時，又來了一個攝影師，還有一位記者跟在他身後。這一組人既不是KSN的人，也不是KWCH的人。他們屬於威奇塔第三家競爭電台KAKE的人。

然後，柯瑞來了。

在威奇塔總共有三家電視台，我將在十點時，同時出現在這三家電視台的新聞畫面上。在第一場訪問快結束前，出現了約三十個人，解救了我的尷尬危機。在幾個月前，大部分人彼此之間還是陌生人，在推特上，大家有很多機會可以發現彼此，但情況很快就改變了；推特變成了實體關係以外的背後頻道，讓大家在沒有面對面聚會時，還是可以繼續保持聯絡。對這群人來說，推特已經超越了社群網站的概念，而成為一

個堅定且相互信任的朋友圈。就像是推特背包客計畫的具體呈現，證明了社群精神的力量。此外，在我目前走過的許多地方中，這裡是最友善的一個，推特也在這裡受到最大的關注。有很多城鎮和都市都舉行了推特網聚，但是威奇塔的經驗獨一無二。

在這群人當中，來了兩個威奇塔的孩子施亞和泰勒(我說孩子，因為他們才二十出頭吧，我這麼叫他們一方面是出於愛護，一方面則出於忌妒)，他們要陪我到德州奧斯汀的西南嘉年華。除非你曾經研究過幾個月的北美地理，不然你是無法了解這塊大陸到底有多大的。在地圖上，堪薩斯到奧斯汀看起來不過是三、四小時的車程，中間包括一次休息站尿尿的暫停。不，完全不是。徹夜趕路，從堪薩斯州經過三個州，穿過奧克拉荷馬州，進入德州，這可是將近九百公里的長途，至少要開九小時的車程。

這個禮拜初，我坐了兩天的巴士，經歷過不同的舒適度和衛生度，一想到我又要展開長途的公路之旅，我就想掉眼淚。還好美加巴士讓一切為之改觀。接下來我將有十個鐘頭可以認識我的同伴，並遊歷中部好幾個州，讓我感到興奮。

攝影機的不斷拍攝讓我有點招架不住，出席的人數之多也讓我感動，KSN主播安妮塔把我拉到酒吧外和她的小孩合照則有點超現實。當大家逐漸散去，凱莉、賈許、和我穿過酒吧，我如月般渾圓的臉出現在晚間新聞上了。賈許請吧檯人員轉台，我又看到了我的臉，說著類似的內容，只是順序不太一樣。

歡迎來到威奇塔。我的確感到賓至如歸。

Chapter 19

挖了一口井

第十三天　3月13日星期五

在威奇塔的隔天早上，我決定要用凱莉家的體重器秤一下體重。缺乏睡眠和運動，加上油炸肥肉的飲食，導致我的下巴都快超過我的脖子，垂到我的胸部了。凱莉在前晚幫我洗了一堆衣服，但是乾淨襯衫的領圍變得有點緊。我試著憋氣，輕輕前後搖晃，看能不能把脖子塞進領子裡，結果失敗——我在不到兩週內居然胖了十磅。

為了慶祝我的體重達到新高，我們前往東道格拉斯大道上的甜甜圈店，賈許也來加入我們。這是我第一次吃甜甜圈當早餐，高熱量的甜甜圈上面還加滿料，配上馬克杯裝的咖啡。巴黎提供的早餐是玉米片加上巧克力脆片，艾波博提供了特製的抹醬，威奇塔打算在令人難忘的早餐傳統中也扮演一個角色，所以提供了甜甜圈，再加上培根和楓糖漿。

我咬了一口；又甜又鹹，味道和口感幾乎要在我的舌頭上結合，但

是沒有。甜甜圈應該是午前的點心，或是下午茶的搭配甜點，而且要塗上蔓越莓果醬才行。培根則應該包在柔軟的白麵包裡，塗上番茄醬，專門對付飢餓和宿醉。

> **twitchhiker** 來自威奇塔的早安！目前計畫如下：今晚搭車到西南嘉年華，大約凌晨2點到，還沒地方睡。
>
> 3月13日早上9:42

我整天都和凱莉及賈許在裸露城市雜誌的辦公室工作，在沙發上休息時試圖不打瞌睡或變得更胖。到了奧斯汀以後會如何，是否會有好的撒馬利亞人提供我一夜住宿，或是我將會露宿街頭，對此我一點也不緊張。我只專注在我的工作上。整個早上，威奇塔斷斷續續飄著雪，最後太陽還是勉強露了面，讓我和賈許開心了起來。

> **joshdutcher** 我說：「那是什麼？」推特背包客說：「你是說天上那顆明亮的黃色的球嗎？」我說：「對啊！」推特背包客說：「我想那是耶穌正在照亮著我們。」
>
> 3月13日下午12:48

我們在英雄酒吧吃了午餐，那是一家寬敞、充滿男子氣概的運動酒吧，菜單上都是啤酒和肉。當我們剛把身體埋進包廂的沙發內時，我的手機響了，是家鄉的強克比興奮的嗓音：

「兄弟，你辦到了！三千英鎊！」

「哇嗚，真的嗎？」我有兩天沒看捐獻金額了。

「就在幾分鐘前，你已經超過目標了！」

聽到這個消息，遠比油炸雞柳條把我的動脈和屁股轉化成豬油，更讓我感到滿足。推特上的夥伴們已經贊助了足夠的資金在國外挖一口乾淨的井，而且還有更多的善心和慷慨將會陸續匯集。回到凱莉的車上，兩個孩子的媽——辛蒂(@WichitaCindy)來了。前一晚我和她在鐵錨酒吧認識，閒聊中我提到了我很多內衣褲都被遺忘在芝加哥。

「我今天剛好到購物中心去，」辛蒂說，她和她兒子站在停車場上，指著手裡的提袋，「我想這些你應該用得上。」

我接過提袋看了一眼，是三件一組的四角短褲，正是我所需要的。我從來沒自己買過新內褲，我的襪子都穿到腳趾頭露出來，我的鞋也都穿到嚴重開口笑，我都等著聖誕節禮物來補足我的日常所需，例如內褲。我很樂意從威奇塔的一位家庭主婦手中，收到乾淨的內褲當禮物。她緊接著問我能不能幫我、三件新內褲、還有他兒子一起拍張合照。他兒子肯定會永遠珍惜這個回憶，我相信。

乾淨的內褲很好，但還是沒有解決我今晚在奧斯汀的住宿問題。焦點轉向一位挪威男士。

---

arcticmatt @twitchhiker 你還需要住宿嗎？住奧斯汀的希爾頓飯店如何？我房間的沙發蠻大的。

3月13日下午4:55

這個推特客的帳號蠻熟悉的：arcticmatt⋯⋯在我的腦中繞了一會兒，然後我想起來了。他是個挪威人，當我發出第一則關於推特背包客的推文後，幾分鐘內他就回應了他的支持。事實上，他是我最早的追隨

者之一，現在他人在德州參加西南嘉年華。

> **twitchhiker** @arcticmatt 嗨，麥特！太好了！只要你可以接受我凌晨兩點出現？
> 3月13日下午5:01

飯店的沙發通常只是形式上的存在而已，飯店在你的房間放一座沙發，然後就可以多收一點住宿費，但是沙發絕不會比房間的門還寬，只適合坐著。不過別擔心，只要有地方睡、又溫暖、還有正常運作的馬桶，這就夠了。

> **arcticmatt** @twitchhiker 剛剛跟希爾頓的總經理說過了，他們願意搬一張床來給你睡！
> 3月13日下午5:21

這個陌生人似乎是我肚裡的蛔蟲。於是，當我在凌晨抵達奧斯汀時，我有地方可以過夜了。既然如此，如果我沒去參加嘉年華的任何活動，就太可惜了。無疑地，門票早在幾個月前就賣完了，而且要好幾百塊。我只要能在飯店酒吧和深夜派對中，聽聽那些參加的人聊聊他們的經歷，我就滿足了，反正我也挺愛酒吧和派對的。

> **arcticmatt** @twitchhiker 我幫你弄了一張西南嘉年華嘉年華的免費門票：)
> 3月13日下午5:45

這可是真的。挪威人走進嘉年華籌畫人的辦公室，然後他發現他和籌畫人擁有同樣的姓，於是他使出三寸不爛之舌，讓對方相信他們是親戚。結果，一張價值數百元的免費門票，成了籌畫人提供給自己家族成員的禮物。

泰勒和施亞在週五晚上七點多到達凱莉的辦公室；施雅的黑色日產轎車塞滿了咖啡和零食，足以打發我們九小時的公路之旅。施雅是個金髮波霸，笑點非常之低，笑到咖啡還從鼻孔裡噴出來。泰勒則明顯是個時髦的年輕人，很酷，但很友善。他們是好朋友，從事相似的職業，分享一樣的興趣。他們兩個都在城中的新媒體工作，同樣熱切期盼著在西南嘉年華不停喝酒狂歡。我在芝加哥藍青蛙酒吧喝得爛醉，那已經是四天前的事了，所以我應該可以加入他們的行列。

如果我們可以活著抵達奧斯汀，那就太好了。當週五黃昏慢慢轉變成黑夜，我們進入奧克拉荷馬州。施亞的駕駛技術跟個頭部受傷八十多歲的近視老太婆差不多。她就是技術不好；她常常不是忙著講話，就是眼睛可能閉起來了，於是車子會向右歪斜個兩、三秒鐘，然後又往左開回來，避免讓我們三個都成為器官捐贈者的基本分析資料之一。

---

twitchhiker 前往奧斯汀的半途中，停下來喝了星巴克咖啡。一邊當部落客一邊當車上的DJ。實在是太棒了。

3月13日晚上10:59

　　施亞不定時偏離車道的開車技術，讓大家時時保持警覺，我們也常下交流道去做資源補充。除了咖啡因，我們也去了愛比漢堡店(Arby's)，不過這裡根本不是漢堡店。這裡已經有麥當勞、漢堡王、溫蒂漢堡，及其他得來速漢堡店。愛比漢堡賣的是烤牛肉三明治，不是厚實、手煎的牛肉加上辣醬和肉汁，而是薄薄的肉片。泰勒和施亞貪婪地咬著五個三明治特價5.59元的套餐，我咬了一口愛比的牛肉起司三明治後停了下來。

　　「你們兩個真的喜歡這個三明治？」我問，臉上是小嬰兒吸到檸檬汁的表情。

　　「對啊，五個三明治只要5.59元欸，」泰勒邊嚼邊回答。「你不喜歡嗎？」「是不太喜歡。你有沒有聽過週日的烤牛肉晚餐？加上馬鈴薯泥和約克夏布丁？」

　　「什麼布丁？」泰勒問。

　　「約克夏布丁，」我再說一次。

　　「我聽過布丁，」施亞說，「我很喜歡，是類似的嗎？」

　　「完全不一樣，」我解釋，「有點類似鬆餅，但是在烤箱裡烤的。」

　　「太好了，」泰勒說。

　　我的天，我以前就聽說，美國人並不像大家以為的，不論什麼事都會說「太好了」，從討論傳福音教士到有效率的馬桶科技都這麼說。但顯然事實正是如此。

　　到奧斯汀的九小時真的很長。倒不是因為夥伴的關係，而是因為九

小時的車程到哪都很遠，雖然施亞很努力想讓這趟車程更有趣，甚至還說要走比較風光明媚的當地公路。穿過奧克拉荷馬的路上，沿途一片黑暗，看不到什麼，但是一到德州，路邊開始出現大型霓虹燈，到處是賣酒的店家、牛仔帽、和成人娛樂。不過，每個霓虹燈招牌都會少幾個字母，像是HOT OW LS，讓我們得猜他們到底在向經過的摩托車騎士們廣告什麼。就像其他公路之旅，我們也透過分享黑暗秘密和天方夜譚來打發旅途的無聊，我們也玩了各種派對中會玩的遊戲，搞得很尷尬、很歇斯底里，有時候還帶來怪異的沉默。旅途上該發生的事，都發生了，除了施亞為了五十塊美金願意做的那件事。那件事在某個時間點還是得做。

眼看著車窗外的鄉村景像似乎沒完沒了，我們終於還是抵達奧斯汀了。時間已經將近凌晨四點，是個冷冽的早晨，街上沒有派對、醉鬼、或是任何歡樂的氣氛。我們到達希爾頓飯店，也是空無一煙。我和泰勒握手告別，和施亞擁抱了一下，答應隔天會再見面。等我一進到飯店寬敞的大廳，醉鬼們的喧鬧和笑聲從右邊的酒吧傳來；大部分是穿著T恤的年輕人，擠在一起喝啤酒，看樣子是參加嘉年華的人徹夜狂歡。這時候，我想要一張折疊床的慾望，遠遠大過於聽年輕人跟我說個不停。

按了電梯中十二樓的按鈕，我再度感覺到腎上腺素分泌，以及胸中的焦慮。我從來沒有在一大清早敲一個陌生人的房門過。萬一他的英文比我的挪威話還差怎麼辦？

出電梯左轉，再左轉到1216房，我敲得太小聲所以沒人來應門，然

後我敲得更大聲。一個瘦瘦的禿頭男來開門，穿著白色純棉睡袍，臉上戴著眼鏡，留著山羊鬍，肯定是挪威人。

「你說這是他媽的什麼鬼時間啊？」他笑麼說。

麥特來自撒夏爾(Cheshire，英國西北部)，幾年前移民到特羅姆索(Tromsø，挪威北部)。他已經結婚，有兩個小孩，熱衷足球，他支持英國曼聯隊，我一點都不意外。

我們一見如故，彷彿我們是常連絡的老朋友，只是很少見面。感謝上帝；清醒時和陌生人打交道通常不是很受歡迎，尤其是在他們的臥房中。

第十四天　3月14日星期六

睡不到三小時，我的星期六就在七點多當陽光照到我的眼皮上時展開了。麥特已經醒了，坐在床上抽菸。之前我沒有好好留意這個房間長什麼樣子，細條紋壁紙，發亮的橡木家具。對於我這個只需要有地方可以睡覺的人來說，這個房間遠遠超乎我的需求。

「你今晚要睡在這裡嗎？」麥特問。

「如果你不介意的話，那就太好了，」我回答。「我可以稍微喘口氣，也順便看看嘉年華的活動。」

「沒問題，老兄，」麥特說，又點了一根香菸。「我整個嘉年華期間都會待在這裡，你想待多久就待多久。」

對於從推特上尋求支援，我開始採取新的放輕鬆策略，也就是說，我不期望確保自己三天的行程規劃，而是隨時見機行事。這樣我也更能享受旅程，更能體會向未知探險的樂趣。

我揉揉雙眼試著讓自己清醒，然後翻我的行李袋找我的iPod Touch。我試了幾次才連上飯店的無線網路。我的電郵信箱有一堆新信，其中一封特別吸引我的注意：

主旨：嗨，保羅——美國廣播公司的早安美國節目找你……

嗨，保羅，

我們試著跟你連絡，我們應該打哪個電話號碼可以找到你？

謝謝你

泰德溫納(Ted Weiner)

以我造訪美國多次的經驗，我知道「早安美國」可是個赫赫有名的節目。無疑地，我得花一個鐘頭左右的時間面對攝影機，但是能在一個早餐時段播出的全國性節目中宣傳我的冒險之旅和charity:water慈善活動，這可是千載難逢的機會。推特客們會不會認同這是件該做的事呢？推特背包客不是應該仰賴推特客們的支援，而不是媒體？我已經不太確定了；因為我或是其他人都沒有直接連絡過媒體，推特背包客所得到的所有關注都是來自於推特。如果記者們知道我的存在，那也是推特的力量造成的。我所接受的每一項支援、關注我的每一位追隨者、還有每一次要求採訪的提出，都可以直接或間接追溯到2月2日所發的第一則推文。

　　如果早安美國的攝影小組剛好在奧斯汀，這就是個快樂的巧合；我可不是只為了媒體曝光，而放棄丹佛，選擇威奇塔。

　　我雖然在威奇塔得到了推特客們的一點愛護，我知道我是不可能擁有像奧斯汀西南嘉年華那樣，擁有數千名瘋狂熱切的擁護者。

　　我打電話給泰德，問他要如何進行訪問，問他我是不是可以在隔天早上七點過後，和他們在紐約的主持人來一段實況轉播？

　　「沒問題，泰德，」在確定了我得在六點多接受訪問後，我回答。不過，麥特和我已經決定了晚上要和史特拉啤酒及波本威士忌徹夜狂歡。

　　「太好了！所以我們在東岸時間七點多進行訪問，而你的當地時間會是六點多。」

　　時差的關係，我比紐約晚一個小時，那表示我的鬧鐘得設在五點半。

　　「而且，今天下午我們得拍一些你的畫面」泰德繼續說。「我請攝影小組在中午的時候和你碰面可以嗎？只需要一個鐘頭左右。」

　　這些畫面是製作人在實況電視訪問時，用在訪問前或訪問中的銜接畫面。「太好了，泰德，我很期待。」

　　我才不期待勒。

　　結果是，我和攝影小組在週六下午搞了三個鐘頭。走上手扶梯，走下手扶梯，走到第六街，過馬路，再往回走。我停下來，讓德州州政府得以入鏡，一次、兩次、三次。這整個過程，就像電視製作的其他過程一樣，以冰冷的米布丁的速度進行。

　　在市中心南邊的禮堂岸邊(Auditorium Shores)是一處寬廣的公園，攝影小組帶我到這來拍攝我氣喘吁吁緩慢地爬上山丘，然後在頂端一副不支的模樣，背後則是以奧斯汀的大樓群當背景。德州是堅定的共和黨支持區域，但是奧斯汀卻是個自由派的大熔爐，匯集了創意和創新，因西南嘉年華而聲名遠播。透過互動音樂和電影嘉年華，許多造訪者首度認識這個自由的綠洲，在一片沙漠中的……嗯，沙漠；德州比英國大五倍多，但是人口不到英國的一半。德州看起來空空蕩蕩的，但是全世界在每年三月到奧斯汀來狂歡十天。當西南嘉年華在1987年展開，一開始只侷限於音樂活動。由於這裡距離主要大城市的光環非常遙遠，這可是項勇敢的創舉。但是，奧斯汀深信全世界還是會蜂擁而來。結果，這個城市成了一處音樂場景，而奧斯汀其實在內戰期間就有了狂歡城市的名聲，因為卡斯特將軍(General Custer)將軍隊移防至此，他的部隊們在第六街和第四街的酒吧飲酒作樂，直至今日，這一區仍然是夜生活的中心，稍晚我也將體會到這裡的熱鬧氣氛，如果他們肯讓我離開那鬼山丘的話。

　　三個小時後，早安美國團隊拍攝了我各式各樣的畫面，走路、用手指向遠方、往上走、往下走、坐著望向遠方。結束後他們送我回飯店，我終於可以開始參加西南嘉年華的活動。但是英國廣播電台還需要我很快的在會議中心內做一段採訪。幸好，採訪人達倫華特斯(Darren Waters)和我一樣想趕快參加嘉年華，所以我們在會面的地點拍了一小段畫面，五分鐘後，我終於擺脫媒體的束縛。

　　自由囉！我飛奔上手扶梯，進入大廳，急著要展望未來。大廳裡滿是攤位、新科技玩意兒、各種圖表和動態展示，還有令人難以置信的高科技鬼扯蛋。應有盡有！我和Google的美眉小聊了一下！偷了一

隻微軟的宣傳筆！然後在同一條走道上，我看到了賈維斯(Jeff Jarvis)，
天哪！賈維斯是紐約市立大學新聞研究所的副教授。他是娛樂週刊
(Entertainment Weekly)的負責人。他在數位領域的著作很具啟發性，更
重要的是，我們都幫衛報撰寫文章，我曾在臉書上發了一個訊息給他，
他也回覆了。基本上，我們是好朋友。所以我耐心等著，等他講完電
話，等他和崇拜者說完話，然後我才採取行動。

「嗨，傑夫，我是保羅。保羅史密斯。我不知道你記不記得我，但
是兩年前你回了我在臉書上的訊息。」

接著一陣沉默。傑夫的眼睛變小了。「嗨，保羅，很高興見到
你，」他回答，帶著謹慎。他當然不記得我。他可是傑夫賈維斯，一天
會收到好幾百封的電郵和訊息。我的開場白真是有夠蠢。

「我也幫衛報寫文章！」

共通性已經建立，幹得好，保羅。

「太好了，文章的反應還好嗎？」傑夫問。

「很好，真的，真的很好。」

出自作家細微的文字遊戲。世界級的，經典。

「那就……太好了。」傑夫說。

恐慌襲來。接著是巨大的沉默，大到可以容納一條鯨魚的空間。

「OK，我只是想打聲招呼，畢竟我們曾經在網路上交談過。」

天哪！

如果說我在傑夫賈維斯的面前出糗了，那並不公平，他可是我深深
仰慕的作家和思考家。總而言之，真是無言的尷尬。

比較令人愉快的是和潔蜜瑪奇思(Jemima Kiss)交談的那一個鐘頭，她是衛報的記者。我們閒晃過奧斯汀市中心到傑凱莉烤肉店，一家其他參加嘉年華會的人推薦的餐廳。菜單上只有四種主菜，都是烤肉——烤香腸、烤肋排、烤胸肉和烤雞。因為都是肉類，吃素的潔蜜瑪只好從三種配菜中做選擇，不過我們還是不太確定煙燻烤豆是否真的全素。

西南嘉年華舉辦了許多座談會和討論會，但是我一個也沒參加。規模之大令人驚訝；有足以改變全世界的產品發表會、科技界的超級明星、大學生、書呆子、和企業家。

麥特和我下午就待在會場到處看看，晚上將和部落格電台(BlogTalk Radio)的約翰哈凡斯(John Havens)共進晚餐。

「不論你是在餐廳、飛機上、或任何地方，只要你想吃最新鮮的食物，一定要點素食，」當我們在附近一家夏威夷風的羅伊餐廳看著菜單時，麥特這麼說。「因為他們必須要想辦法現做，而且這可以看出一家餐廳願意付出多少心力準備這一道素菜。」

在服務生的餐點介紹之後，點個素食似乎是個不錯的選擇，即便我這個肉食主義者也挺想試試看。我已經提過，德州之大，對於任何在英國住過的人來說都是很難想像的；德州是個濱臨海岸的州，從墨西哥灣到北方州界距離超過一千一百公里。但這不表示餐廳不賣新鮮的魚類料理。

「我也想推薦今日的魚類料理，紳士們，」服務生繼續介紹，「我們有很棒的鮭魚，是今天早上才用聯邦快遞運來的。」

什麼？我沒聽錯吧？點魚的話，我們不只是要付多出來的聯邦快遞運費，還應該覺得這是個了不起的事實？我唯一一次聽過這類事情，是當我的朋友詹姆士用平信寄了一包開過的蝦子給他的前女友。

「我點肋排好了，」這是我對服務生的回應。

白天，奧斯汀到處都是嘉年華的參加者，有的人從會議中心蜂擁而出，進入酒吧，有的人從飯店出來進入會議中心。到了晚上，城市則擠滿各式各樣的人，街道上一群又一群年輕人，排隊等著進入最夯的科技派對，或是急忙從這條街走到那條街，因為朋友的朋友有辦法把他們弄進臉書的派對。幸運如我，已經有了內線幫忙，雖然只有一條內線，但是對於我這個十五個鐘頭前才來到這個城市的人來說，已經不錯了。施亞幫她的的客戶紅眼蒼蠅在紅河街舉辦一個活動，因為警衛已經認識她了，所以她設法帶我從後門進去。管理階層在那晚肯定對政府的消防法規感到特別緊張，因為我走過來的一路上，許多私人空間都被用塑膠杯喝酒的醉鬼們入侵了。施亞則是在人群中發現演員BJ諾華克而心悸發作，我是不清楚她到底說的是誰。

整個晚上我沒喝多少，畢竟知道5點半鬧鐘就會響，讓我很難真正輕鬆。我和施亞及泰勒喝了一兩杯龍舌蘭，並試圖保持清醒。龍舌蘭是一種邪惡的酒，曾多次把我搞到神智不清。不論德州好客的的夜晚多麼誘惑人，我一點也不為所動。我多喝一小時就表示我得少睡一小時，並帶來兩小時的頭痛。

我回到麥特在希爾頓的房間，經過一群笑鬧的傻子，上床前打開我的蘋果電腦，看看推特上有沒有人提供隔天的支援，結果我差點就漏看了。

---

marklad2020 @twitchhiker 剛看到你週日要離開德州，我可以贊助你一張從奧斯汀到舊金山的機票嗎？

3月14日下午2:08

　　這則推文大約是十個鐘頭前送出的，不知道為什麼我稍早沒有看到。這表示我又要再次放棄走陸路穿越北美的計畫，但是除此之外沒有其他的支援了。我回覆表示接受這項贊助，希望發文的馬克席爾在我遲來的回覆後還願意贊助我。這則推文是從蘇黎士發出的，大概是七個鐘頭之前。馬克有可能是另一個我從未謀面的陌生人，另一個遠方的善心人士，打算幫我一把，如果我的回覆可以及時出現在他眼前的話。

Chapter 21
背包客上電視專訪

第十五天　3月15日星期日

比爾威：「保羅史密斯在十五天內從英國旅行到德州，而且沒有花一毛錢在旅費或住宿上。他是怎麼辦到的？他運用推特，一個新興的社群網站，要求陌生人提供支援。今天早上，他從德州奧斯汀和我們連線，這可是離家很遠了。保羅，很高興見到你，早安。」

我：「早安……比爾。」

有幾秒鐘的時間，我想不起來主持人的名字，短暫的沉默有如無限久。我正在全國性電視節目的實況轉播上，而我卻無法記得一個三十秒前才在我耳邊提醒過的名字。該死的龍舌蘭。

比爾威：「所以，你到底是怎麼辦到的？你只是在推特上發文說，我可以搭個便車嗎？我今晚可以睡在你家沙發嗎？」

我：「基本上是這樣沒錯，我會發文說，『我現在人在這裡，我

需要到某處去，請提供支援，而且我還需要住宿』然後我把一切交給推特，以及陌生人的善心幫忙，並選擇下一站要到哪裡去。」

比爾威：「所以這就是推特背包客，這就是大家對你的用詞。」

不，比爾，這是我的詞，不是他們的。我在大賣場裡創造的詞。下次當你到蓋茲赫德時，一定要到特易購大賣場去瞧瞧，保證大開眼界。

比爾威：「很多人對於你借宿在陌生人家這點，感到很好奇。你覺得這樣安全嗎？」

我：「當然，一直都很安全。每個接待我的人都很好心且有禮，沒有遇過什麼問題，從來都沒有覺得不安全過。我認為這就是推特美好之處，任何幫助我的人都不是孤立在外的，同時會有好幾百人看著他們，而且根據他們的言談你也可以了解他們。」

比爾威：「目前為止，你最喜歡的一站是哪裡？」

我：「我想應該是華盛頓，因為那是我唯一有機會造訪一些景點的地方。上個週末我有一整個下午的時間觀光，太棒了。」

「太棒了？」誰會這麼講話？當然，在過去十天中，幾乎每個我遇到的人都這麼說。我竟然在全國性電視節目上模仿我的贊助者們。該死的龍舌蘭。

比爾威：「而且你還同時幫慈善基構募款？」

我：「是的，有一個慈善機構叫做charity:water，他們的目標很單純。全世界有超過十億人無法取得乾淨的飲用水。charity:water試圖改變這個情況，在開發中國家鑿井，並教導人民水的知識和使用方法，所以需要募款支持這些行動。目前我們募到約五千美金的款項。」

比爾威：「嗯，顯然你肩上背負著因果命運。聽說你才剛結婚？恭喜你。所以，你在婚禮後五天就告訴你的新婚妻子『嘿，親愛的，我打

算自己環遊世界,而且住在陌生人家』你可真勇敢。」

我:「還好啦。我心裡想說我要好好跟她說明,然後再決定開始進行,但事實上我並沒有這麼做。」

比爾威:「好吧,祝你好運,我知道你將前往南極圈。謝謝你保羅。」

結束了。二分三十九秒,我將出現在全美國的頻道上,從東岸到西岸,從佛羅里達到西雅圖。連續三小時的錄影時間,其中兩小時是製作人席德和他的團隊在飯店酒吧準備燈光和音效,而這一切只為了不到三分鐘的電視播出。瘋狂。但是,我仍然要克制自己不說幹或他媽的。

---

scottharrison @twitchhiker 早安美國的採訪真棒!

3月15日早上10:33

那天早上九點,我剛好已經當了推特背包客整整兩個禮拜。我花了超過八十個小時旅行了11,575公里,途中搭了汽車、巴士、火車、飛機、和渡輪。以點到點來看,新堡和奧斯汀的距離是7,660公里,但誰會把效率當做旅行的重點呢?有些推文試圖批評我不夠環保減碳,但那又是另一種挑戰了。已經有很多人騎單車橫跨各個大陸,或是騎馬跨欄,或是搞其他花樣。我已經旅行了兩週,而且還在繼續前進!而且還活著!這就值得好好慶祝了。距離坎貝爾島還有一萬三千公里,但是其中的太平洋就占了大部分距離。如果沒有人可以支援我到夏威夷,這場旅程有可能什麼也不是。

現在時間是英國的下午，希爾頓的無線網路勉強讓我可以用Skype打視訊電話回家。之前打的兩、三通電話，大家都哭成一團，不曉得應該是要為我的旅程進展感到高興，還是要為我的離家感到傷心。旅途走到一半，大家的想法也改變了。我雖然離家越來越遠，但是每天都把相距的時間給拉近了。而且我相信，未來的日子將會和之前不一樣了。我會把他們都緊緊抱在懷裡，或許，我會首次發現我能擁有他們是多麼的幸運。

推特可以對我冷漠以待，雖時把我趕回家，但是並沒有。我的蘇黎世朋友回覆了，我將會在稍後坐飛機經由聖地牙哥到舊金山。這個問題解決了，但是又面臨新的兩難——我在舊金山要住哪裡？我該怎麼先到奧斯汀的柏格斯壯機場？

第二個問題是在我離開英國前就從沒想過的議題——大城市通常範圍很大，要在其中通行無阻本身就是個挑戰，即便對當地人來說也是如此。就算在同一城市裡接受了兩項支援，也不見得對情況有幫助。紐約甘迺迪機場距離曼哈頓市中心是十三公里，如果我的贊助者馬克沒有到機場來接我並支付車費，我可能只好用走的。假設我是用走的，機場通常位於偏遠的堅固道路，很少會建造行人通道的。

tumbble @twitchhiker 如果你需要在舊金山住一晚，我的充氣床墊歡迎你！

3月15早上9:45

克麗絲汀(@thumbble)很樂意讓我在她舊金山的公寓裡借宿一晚，這是我第一次得到來自西岸的支援，我馬上就接受了。也就是說，設法

在兩千公里之外找地方過夜不是問題，但是要設法抵達不到半小時車程的機場反而有困難？還是沒有人出面支援，真是令人沮喪。當初我決定要往南到德州來，因為我想參加西南嘉年華的眾多推特客應該能支援我接下來的行程，結果並非如此。其他推特客則是建議我花一塊錢美金，就能搭巴士從奧斯汀到機場，他們發文告訴我，又再重複發文告訴我，又再重複一次，但就是沒有任何一個參加嘉年華的人主動說要幫忙。

我更新了一下我的部落格、把照片上傳到Flickr上、清空電郵信箱、緊張地盯著推特、不耐煩地彈著我的手指頭。還是沒有人幫忙。我到舊金山的班機是晚上六點四十五分的西南航空班機，現在已經過中午了。當你越盯著看，就越沒有反應，就像奶奶從來沒說過的，因為她在推特發明之前就上天堂了。

> **twtchhiker** 天哪！我下午4點一定到不了機場。天哪！
>
> 3月15下午12:35

又過了一個小時。麥特威脅著要硬塞給我一塊美金去坐巴士，但是我拒絕接受。我不想再接受他的善意，尤其當我把希望都放在推特上時，更何況，我才剛在世界人口第三多的國家節目上說明了我的挑戰旅程。應該有人聽到我的求援吧？除了把我的圓臉刻在月亮上，或者宣稱我自己是耶穌復活者，我已經沒有其他方法可以吸引更多的注意力了。

> **hllienoves** @twitchhiker 我可以載你去機場！你搭幾點的班機？
>
> 3月15下午1:52

好欸！我完全不知道@hallienoves是誰，但是我打算緊緊擁抱她、親吻她，如果她要求舌吻也行。真是鬆了一大口氣。但先別高興得太早，再走之前我還有事情要辦，所以我先接受了半個鐘頭後的支援，然後開始打包，包括施亞要求我在早安美國受訪時要穿的宣傳T恤，我和她交換的……喔，我的禮物交換中斷了。在威奇塔，凱莉給我一本她們出的雜誌，和我交換堪薩斯捷鷹隊的年刊，那是從勞倫斯的新聞世界交換來的。當時是早晨四點鐘，在奧斯汀的街道上，無論時地，似乎都不是和施亞及泰勒交換禮物的理想時機，而且那時候大家對龍舌蘭酒和演員BJ諾華克比較有興趣。看樣子禮物交換只好跳過一段。我把雜誌送給挪威人麥特，他則給我一頂他的帽子，做為下一次的交換禮物。他同時也帶來了一個消息。

「我一直發文給安柏麥克阿瑟，她會安排你上里歐的net@night節目！」

麥特自顧自說著，然後發現我一臉迷惑。

「誰？什麼是net@night？」

麥特試圖掩飾我的無知帶給他的失望。他開始解釋，里歐拉波特(Leo Laporte)是世界知名的科技作家和廣播主持人，備受尊崇且甚具影響力。麥特深信，如果我能上net@night網路廣播，在知名主持人安柏和里歐的加持下，一定能得到更多的支援。但是里歐住在培塔魯瑪，一個舊金山北邊六十公里處的小城，由於我無法控制誰可以支援我，所以要在特定時間抵達特定地點，對我來說是無法承諾的事情。不過這就是麥特，打從推特背包客開始的那一天，他想盡辦法要助我成功。

在充滿男子氣概的擁抱之後，我離開了我的贊助者，背上行李袋，走向德州的陽光。在數千名嘉年華的參加者之前，我是隱形的，在西南嘉年華的喧鬧中，我被遺忘，最後拯救我的，是北奧斯汀的一位圖書館實習生。海倫(@hallienoves)在我還在芝加哥時，就曾經提議要供我住宿一晚，但是現在她擔任了這個重要角色，當我的司機。我們聊了很多，但是當我們停在第七街上，發現人行道上出現某個人物，我頓時把我們聊天的內容忘得一乾二淨。那是個不高的年輕人，大概才二十歲出頭，站在賣車的展示廳外發傳單。他穿著一身閃爍著星星的服裝，看起來像典型的山姆大叔——高帽子、大衣、白色假髮、和搭配的山羊鬍鬚。

他身後是黑色的背景。

顯然，我們身處於南方，德州是最早的奴隸州之一，在美國內戰前就退出了聯邦，所以如果我經歷到一些醜陋的種族歧視現象，我也不會太過意外。但是我發現奧斯汀是個徹底自由派的地方，所以這個山姆大叔銷售二手車的場景著實讓我吃了一驚。

接下來到機場的一路上，就沒有什麼特殊情況發生了，而且非常的舒適，完全不像從奧斯汀到聖地牙哥的西南航空班機，簡直令人無法忍受。客滿的班機把我硬塞在飛機的最後一排，還是被卡在中間的座位。我的座椅無法往後倒，而我前面的八歲小孩則是全程把座椅倒到幾乎要碰到我的鼻子了。因為他的行為，不時有人突然猛捶他的椅背。

抵達聖地牙哥時，班機誤點了。我到等候區和一群吵鬧的孩子們在一起，被一個全身黑色打扮、戴著高帽子、眼神狂野的牛仔盯著看。我多出很多時間來處理這個意外——從舊金山機場等著載我的人，還有黑絲谷區提供沙發的贊助者克麗斯汀，都在等我。再一次，所有事情環環相扣的本質又拯救了我；答應讓我搭便車的艾力克，他是威奇塔人，

他才剛搬到舊金山，透過他在堪薩斯的朋友和同事，他知道推特背包客的存在。

---

twitchhiker 如果有人有@ericwestbrook的電話號碼，麻煩通知他，我正因飛機誤點而飽受折磨。

3月16日晚上10:41

班機誤點從原本的十五分鐘變成將近三個鐘頭，把我預計抵達的時間拖到半夜，讓我很擔心我贊助者的善意會被逐漸磨損到零，然後叫我自己看著辦。我的猜測似乎沒錯，當我遲到三個小時，最後終於抵達舊金山機場的行李大廳，沒有人在等我。十分鐘過去，二十分鐘過去，三十分鐘過去，艾力克沒有出現。後來，一輛車從黑暗中衝出，然後緊急煞車停在出境大廳前。開車的人問我是不是保羅，這可是我最需要聽到的話。我把行李丟進後車廂，跳進車內，什麼都沒想。他有可能是精神病患，追蹤了我在推特上的恐慌所以出現，不過幸好他真的是艾力克，一個棕髮棕眼的帥哥，也是個網路程式工程師，穿著法蘭絨襯衫和扯破的牛仔褲。

當我們向北行駛在海岸高速公路上，舊金山的街道一片靜謐。我們轉向中央高速公路，然後到市場街，最後到達市中心的黑絲谷區。這時，我已經晚到將近四個小時，但是克麗斯汀和她的男友賈許還是很和善地來應門。這是個一房的公寓，所以我才被安排睡在客廳的充氣床墊上。夜深了，短暫的愉快招呼過後，克麗斯汀和賈許回房去了，我則癱在地板上。十五天過去，還有十五天要來，我已經到了美國西岸。橫跨在我和坎貝爾島之間的，是地球上最大的海洋，距離是一萬一千公里。

Chapter 22

陽光動人的城市

第十六天　3月16日星期一

我在五年前「度蜜月」的時候，就曾經造訪過舊金山。或者該說是非蜜月，在我和非老婆在拉斯維加斯非結婚之後。那是令人困惑又滿是情感衝突的一週。珍對我很疏離，也不容親近，而我大部分時候都醉醺醺，而且心都碎了。我們參加市區觀光團、參觀了惡魔島監獄、在咖啡廳或餐廳裡萎靡相對，聊天也沒什麼內容。雨下個不停，潮溼的感覺侵襲到你的骨子裡，和心情倒是很搭。這次再度造訪，明顯是在非常正面的情況之下，很多事也在這些年間有了很大的轉變，例如我的婚姻、我的心理狀況。

充氣床墊上的一晚，結果是我旅行至今睡得最好的一晚。當我醒來，我的雙腿因前一晚坐飛機痠痛得不得了，但是我的心情還不錯，雖然我還沒看到這個城市的任何景觀。我在旅行開始之前就料到可能會是

這樣的情況，畢竟旅行途中還嘗試一邊工作，就意味著當別的小孩在外面玩耍的時候，我註定要留在教室裡寫功課。所以當我的贊助者出門上班，我穿著內褲從一大早工作到傍晚，蘋果電腦放在我裸露的雙腿上，加熱我的大腿，溫柔地殺死我的精子。每兩天我就花兩、三個小時回覆推特上的發文，以及來自記者們的電郵，然後在我自己的推特背包客部落格上更新文章。由於我必須在造訪過某地後，才能把我的經驗寫出來，結果在時間的順序上，反而會讓我自己和其他粉絲感到迷惑。因為我通常在事情發生過後三天才更新，但同時我又得計畫接下來三天的行程，於是時間序被破壞，並讓這趟旅程原本超寫實的本質又更突顯了。

我的下一站在午後慢慢浮現——兩位推特客一起邀請我到培塔魯瑪(Petaluma)去。這位非常堅持的女士叫做安娜塔西亞(@AccessInspirati)，她提議當我的司機，帶我逛逛聖地牙哥北邊的小城市培塔魯瑪。另一位叫凱特(@kateHamptonInn)的女士則樂意提供兩晚住宿，在靠近羅內公園(Rohnert Park)的漢普敦旅館(Hampton Inn and Suites)。在安娜塔西亞接我之前，我必須在舊金山再住一晚，幸好克麗斯汀和賈許很樂意看到他們的充氣床墊可以再度充得飽飽的。

也有人提議要支援我搭飛機到奧勒岡的波特蘭，那是在北邊靠近加拿大邊境一帶，但是時間漸趨寶貴，而且我還得想辦法渡過那片巨大的海洋。我選擇待在舊金山，如果有人提供機票，應該會是從這裡飛，或者從南部的洛杉磯。我最好的選擇，也是唯一的選擇，就是待在西岸往南或往北走，希望奇蹟再度降臨。畢竟，沒有人試圖創下游泳橫越太平洋的記錄，這可是有原因的，而我也不想斗膽嘗試。

> **twitchhiker** @AccessInspirati 哈囉，我決定接受你的贊
> 助，到索諾瑪縣(Sonoma County)去走一遭！
>
> 3月16日下午2:41

「為什麼這裡每條街都有大麻味？」當我們晚上走在密盛區時我問克麗斯汀。答案很簡單，因為我們走在密盛區，這裡常常都有大麻味。我們的目的地是一家叫做時代精神(Zeitgeist)的酒吧，我們將和一群推特客網聚。前一晚我沒看到什麼風景，但是當我和克麗斯汀向南走到密盛區，我開始重新感受到舊金山豐富的街景。坡道？看到了。電纜車？看到了。醉醺醺的人？看到了。充斥四面八方的強烈大麻味？那當然。

密盛區是市中心歷史最悠久的一區；名字淵源於1776年方濟會所建造的密盛教堂建築群(Mission San Francisco de Asis)，當初的使命(密盛為音譯，意譯則為『使命』)就是要將美國原住民感化成為基督徒。過去五十年間，數千個家庭從墨西哥和中美洲移民前來，在當地定居，開設咖啡廳、市場、餐廳、和小餐館。

當全球中產階級化的強大勢力崛起，稀釋了當地強烈的拉丁文化，房地產價格大幅上漲，但這裡仍然是充滿情調、色彩豐富的一區，尤其在小酌之後更覺得如此。

我們從中央高速公路下面穿過，走上瓦倫西亞街，然後抵達時代精神酒吧，一個簡陋的當地酒吧，裡面滿是當地人酒鬼，還有當地的醉鬼。我們坐在後院的野餐桌，同桌的還有舊金山的推特客們，包括傑夫

史考特，一個iPhone應用程式評論網站148apps.com的創辦人。他身材高大，有著細緻的灰鬍子，像隻巨大的、留著鬍子的獾。其他還有傑夫的老婆及@HeatherHAL，她先參加了一個令人失望的讀書會活動之後才來的。我們喝了很多啤酒，醉到不行。

後來我們又到瓦倫西亞街，經過許多有特色的商店，看到許多有個性的行人，來到第十六街的一家巴基斯坦餐廳叫帕克灣，1979年就開到現在。以木製家具裝潢的烤肉店，有著桃子色的牆壁，牆上掛著由色盲藝術家所畫的作品。我們才不在乎這些，因為食物太好吃了，而且便宜到令人懷疑。一隻雞才6.99美金，通常應該包括雞腳的，可是我們已經無法辨認到底有沒有雞爪了。其他菜還有蘑菇香飯、麵餅、囊麵包、還有芒果優格奶昔。餐點之豐富，讓我們吃得好撐，而且心滿意足。芒果優格奶昔例外，因為喝起來像是感冒藥水。我的皮帶肯定得鬆開點，而且看樣子我得買件鬆緊運動褲了。

第十七天　3月16日星期一

「**我**一定得戴嗎？現在？」克麗斯汀問，手上拿著那頂挪威人麥特給我的色彩鮮豔的帽子。那帽子像是剛從公廁裡撿來的。

「別擔心，很乾淨的，而且沒錯，現在就得戴，」我說。「我要拍張你收到這個禮物非常開心的照片。」

克麗斯汀對於這個禮物不是很滿意，但還是幽默以對，戴上帽子，擠出微笑讓我拍照，表情卻說著「你敢給任何人看這張照片，我就把

你殺了。」

克麗斯汀回房間去，拿了一本大部頭的書出來。

「你應該聽過《四個法則》(The Rule of Four)這本書吧？」她問。

「沒有。」

「喔，這是我高中校友寫的，在美國可是大大暢銷。」

「這本書真的很大，」我觀察。幸好我可以直接把它交給下一位贊助人，不需要把它跟我的髒衣服塞在一起。

安娜塔西亞(@AccessInspirati)在午餐過後不久就來接我了。她年紀比我大，穿著優雅，個性大方，外表看來像地中海人，雙眼深邃，皮膚呈橄欖色。她已婚有小孩了，現在在旅行業上班。我坐進她的休旅車，然後我們向佩塔魯瑪前進，車程大約一小時。我的贊助人同意我應該欣賞一下風景，所以過了舊金山大橋後，我們在北邊出口旁的停車場停車，欣賞舊金山灣的美景，一片銀色的霧剛好把遠處市中心的摩天大樓一分為二。舊金山大橋在1937年完工，在此之前，舊金山渡輪公司(Golden Gate Ferry Company)在灣區營運，銜接市區和北邊馬林縣(Marin County)的交通。在舊金山大橋正式開放通行的前一天，政府單位邀請舊金山市民步行穿越大橋。二十多萬人參與這項活動，並以種種獨特且令人難忘的方式前進，例如溜直排輪、踩高蹺、跳著踢踏舞從這頭跳到那頭。我實在很想看看當時的景象，因為最近我遇到一個當初在1937年5月27日曾經參加這項活動的朋友。她是我在布魯克林舉辦婚禮的牧師貝絲拉蒙，當時她才不過八歲大，彷彿是上輩子留在歷史上的一吻。

我們走上101號州際公路，沿途遍覽美景，經過翠綠的山坡，到達佩塔魯瑪。如同舊金山和其他西岸發展較先進的區域，佩塔魯瑪也是在

18世紀由西班牙先驅所開發。不同於舊金山的是,佩塔魯瑪倖存於1906年的大地震(舊金山五分之四的建築物都被地震及隨後引起的火災所摧毀),結果這些舊城鎮和建築變成了好萊塢極受歡迎的場景,永遠存在於一些經典名片當中,如《美國風情畫》(American Graffiti)、《第六感追緝令》(Basic Instinct)、以及《鴨子霍華》(Howard the Duck)。

我們這個短暫旅行的第一站是一個一樓平房,也就是位在一條不知名街道上的net@night總部。略做努力之後,我設法挪出時間和里歐及安柏會面,而這是麥特在三天前就幫我安排好了的。後來我發現里歐的節目TWiT.tv很受歡迎,很多人要是換了我,可是願意花很多錢、或想盡辦法上這個節目,因為每週有六十萬人收聽他的播客(Podcast),每個月有兩百萬人收看他的網路節目。而在這個極度成功且極具影響力的媒體總部之中……一間跟中等大小浴室差不多大的辦公室,從地板到天花板之間塞滿了桌上型電腦、筆電、專業相機,到處都是監控螢幕、麥克風、燈光架和電線。我在眾多科技產品間找個地方坐下,馬上就看到我自己以三個不同的角度出現在對面的螢幕上,讓我立刻想到男人的恐懼,尤其當他在Next服飾店(英國知名服飾品牌)中試穿T恤時,還得擔心逐漸後退的髮際線。

「萬一現況讓你無法離開這裡,我們會想辦法幫你,」里歐說。「如果你可以選擇,你想去哪裡?」

「我必須要說是澳洲,」我坦白說。「那是我必須去的地方。」

「萬一你弄不到從這裡去澳洲的機票怎麼辦?」

「我只好先到我到得了的地方。」

「夏威夷如何?」里歐問。

「那就糟了。誰會想去夏威夷呢？困在那個地方就慘了。」

「喔，等等，你是在故意說反話嗎？」安柏問。

---

twitchhiker 在TWiT.tv總部，實況受訪的同時實況推文。
太棒了，我覺得。

3月17日下午3:10

在前往漢普敦旅館前，我們還有一站得去。今天是聖派翠克日，所以我們開到佩塔魯瑪市中心，來到肯德基街的麥奎爾酒吧。酒吧外有很多人站在走道上喝著健力士啤酒，大家看著穿刺繡洋裝的年輕女孩跳著愛爾蘭踢踏舞，有點年紀的男士們一邊嘗試模仿她們的動作，一邊試圖不讓手上的啤酒灑出來，自娛娛人。

我們到樓上和安娜塔西亞的先生以及她的兩個小孩碰面，席間還有小孩的朋友、以及推特客湯姆(@QuickAmusements)。大家共進晚餐，包括豐盛的愛爾蘭火腿、馬鈴薯、甘藍菜、和肉湯。

在酒吧裡，健力士啤酒消耗的速度之快，就像，嗯，健力士啤酒在聖派翠克日應有的消耗量，但是我克制自己不要多喝。去年我在紐約慶祝聖派翠克日，酒吧堅持大家喝酒一定要搭配染成綠色的食物，當晚的結局是我對著馬桶猛吐。所以，在佩塔魯瑪我決定只喝一、兩杯，但是不吃染色的食物。當我正等著喝第二杯酒時，坐在我隔壁的粗獷男士已經灌下第四杯波本威士忌，還發出驢子般的狂叫聲。我光是用想的就很是猶豫。我發現我已經狂喝了好幾個晚上，並非因為我對酒精有依賴性，而是我的贊助者和我都想慶祝我旅程中的每個里程碑。我想，保持一晚清醒應該也不壞，接著我問安娜塔西亞她是否能載我到旅館辦理入

「早上囉！」陽光從我房內窗簾的細縫中穿過來說。當然，我同意，我在床上坐起來，歡迎我在北加州的第三天。自從我答應安娜塔西亞的邀請，到舊金山北間的索諾瑪縣短暫一遊，她就安排了滿滿的觀光及品酒行程，讓我在風光明媚的索諾瑪谷得以逍遙一日。我其實沒什麼時間享受如此頹廢的愉悅，但我也沒別的地方可去。我決定要待在離舊金山不遠之處，希望有人可以提供從洛杉磯到紐西蘭的機票；大部分航空公司飛越太平洋到澳洲，都是從洛杉磯起飛的。我不太考慮其他的提議，結果激怒了奧瑞岡的善心人士：

> **TravelCoosBay** @twitchhiker 或許你沒看到我的提議，我們可以贊助你到奧瑞岡的庫斯灣(Coos Bay Oregon)！之後還可以贊助你到波特蘭。
>
> 3月17日下午3:10

　　我是否該接受這項贊助，漸漸變成一個很理論性的問題——我必須在隔天離開佩塔魯瑪，否則我就得買張單程機票回英國去了。

---

twitchhiker 有人打算支援我到北邊的奧瑞岡去；如果在今晚六點前沒有人可以提供其他的支援，我就必須接受這項支援。

3月18日早上7:01

有很多人對推特背包客計畫很有意見，但是不見得很有幫助。打從一開始，有一小群推特客和推特評論客就不打算讓我有好日子過。當我在二月宣布計畫的那一天，有一位推特客就積極要求大家不要幫助我，他認為我打著慈善之名做這件事太過輕鬆，我應該要用跑的到非洲去，或是在亞馬遜河游泳時，讓鱷魚把我的臉給咬掉。紐約記者傑夫寇恩(Jeff Koyen)在部落格上發文說，如果有人故意把我帶到一個足以致死的情境，他願意給對方五百美金。太好了。那天早上我在我的部落格上看到一些留言說我在詐騙，說我的旅程花的錢，比我目前為止募到的慈善款項還多。這些留言不只出現在我的部落格，也出現在其他幾個宣傳推特背包客的網站上。看樣子有人投資不少時間和精力企圖抹黑我。

對於這些負面言論，我沒有置之不理，我反而願者上鉤。我把目前為止的花費整理出來，證明總額遠比我募得的款項要少很多，然後將計就計，把charity:water慈善單位所得到的全球知名度數字化。在「早安美國」所播出的三十秒廣告費是多少錢？幾萬美金，可能。普羅大眾並不會自己去發現某家慈善機構，然後捐錢給它；即便是慈善機構本身，也必須花錢行銷自己。如果是個人，也得花錢去籌措更多的錢，舉例來說，如果你打算跑馬拉松，就要有人花錢幫你找教練。去你的，這是我深思後的回答。

在我打算離開漢普敦旅館前的一個鐘頭，我急切想看到的推文終於

出現在我的螢幕上。

---

alienelvis @twitchhiker 你想不想搭明天下午從奧克蘭到洛杉磯的712班機？

3月18日早上8:23

twitchhiker @alienelvis 太好了，謝謝你！明天沒問題。

3月18日早上8:35

安娜塔西亞已經答應我，隔天看我要去哪裡她都可以帶我去，而且奧克蘭只要從舊金山越過海灣就到了。我和@alienelvis交換相關細節，並通了電話；他的名字叫班，聽起來是個年紀較大的紳士，有著柔和的加州口音。他很樂意幫我安排班機，屆時到機場接我，並提供我在他洛杉磯北邊聖費南度谷(San Fernando Valley)的公寓裡一晚住宿。所以，我確定要到洛杉磯去了，目前我也只能做到這樣，然後繼續等待，並希望推特還是遲早會設法把我拋向太平洋的另一端，朝我的目標前進。

結果我只等了大約三十四分鐘。

AIRNZUSA @twitchhiker 你到紐西蘭了嗎？我們可以從西岸幫你。

3月18日早上9:09

我雙眼發亮，興奮大叫，嘴巴笑得和天空一樣開。紐西蘭航空！我快速打字回覆，感覺到胸腔內腎上腺素爆開。這項提議不僅把我帶到坎貝爾島的同一個半球，還帶到同一塊領土上！我們迅速互相推文，把一

切都搞定了。我將在週六下午從洛杉磯出發,週一早上抵達奧克蘭?好像不太對?這兩個城市之間需要飛一天以上嗎?

答案當然並非如此;飛行時間是十四小時,但是中間會經過國際換日線。美國西岸比格林威治標準時間慢八小時,而紐西蘭則早了十三小時(多餘的一小時來自日光節約時間)。所以,雖然我的班機抵達時,是洛杉磯時間的週日早上,但是奧克蘭時間則是週一早上。結果我因此少了一天的旅遊時間,我只剩下一週的時間可以完成挑戰。

當安娜塔西亞和加州品酒之旅(@CalWineTours)的咪咪到達旅館時,我還沉浸在我的旅程快速進展的狂喜之中。

「我得到贊助了!」我興奮地衝向安娜塔西亞擁抱她。「我得到贊助機票到紐西蘭去了!」

「喔,天哪,太好了!」慷慨大方的安娜塔西亞大叫,對於我這個才認識約十八小時的陌生人的熊抱毫不在意。

我們從漢普敦旅館出發,坐在配備超高級的巴士裡暢遊索諾瑪縣。車裡有最新式的電子設備、香檳和紅酒。我坐在皮椅上,一手拿著香檳杯,一手拿著iPod Touch連上無線網路。這等待遇讓我覺得太過優渥,但是隔天的行程已定,所以我決定要好好享受一下我的幸運,不再當個苦行者。我在巴黎吞了蝸牛,在德州大吃烤肉,如果到了索諾瑪谷還不好好喝兩杯,就太不識抬舉了,我對自己說。

天空是一望無際的藍,伴隨著那種在八月的英國才看得到的動人陽光(只有那時候,但你卻和家人遠在西班牙的馬加露夫度假中心Magaluf),而索諾瑪谷的美景令人屏息。道路兩旁是翠綠柔和的山丘,每轉一個彎,都讓人大開眼界,一處美過一處。這真是個舒服又放鬆的一天,對我和全世界來說都是。

我們的第一站是印象酒莊(Imagery Estate Winery)，咪咪介紹我認識兩位當地的品酒專家戴德拉斯(Daedalus Howell)和克力斯(Chris Sawyer)。遇到一個叫做戴德拉斯這種名字的男人，你是不可能不發表一下評論的。留著長長往後梳的髮型、全身上下都穿黑色、下巴蓄著山羊鬍，戴德拉斯不折不扣是個帥氣型男。他本來在洛杉磯媒體界，後來搬到這裡來成為索諾瑪縣的文化大使。在這些前提之下，一個有著如此怪異名字的人，在這麼熱的天穿一身黑，又留著可笑的鬍子，我覺得他肯定是個傻子。不過他不是。他是個喜愛美酒的大帥哥，拍攝短片，而且對我而言超有魅力。真是個混蛋。

克力斯則是品酒圈內的傳奇人物，同時也是位作家，並擔任來訪藝人們的侍酒師。所以，當他遇到我這個只會狂灌啤酒、連紅白酒都分不清楚、而且以為玫瑰酒就是把紅白酒混合的北方人，他一定嚇壞了。我們和安娜塔西亞及咪咪一起站在酒莊富麗豪華的吧台區，我學著克力斯把酒含在口中攪動、仔細聞香、發出嘶嘶聲、然後吞下喉嚨，可是我一點也感受不到克力斯所說的細緻口感。

「手握著杯子頸部，不要用手掌包著酒杯。」克力斯教我。「這樣會改變酒的味道。」

「我知道了，」我回答。「順帶一問，我需要吐出來嗎？」

「不需要，」戴德拉斯說。「這樣反而醉得更快。」

「這瓶酒帶有黑醋栗和莓子的香味，」克力斯繼續說，「還有甘草，可能還有一點菸葉的基調。」

就像很多人一樣，我一直懷疑品酒這個職業是個精心策劃的計謀，

專門來讓那些只花3.99英鎊買一瓶餿水的門外漢感到羞愧。不過,我發現品酒不是這麼一回事,戴德拉斯和克力斯解釋得很清楚;最重要的還是你自己的想法——你喜歡這個味道嗎?還是不喜歡?討論酒的複雜層次,就跟我們評論音樂、足球、或政治是一樣的。這不是什麼死板快速的科學,因為每個舌頭都不一樣,但是你可以訓練自己品味酒的不同口感和丹寧的差異。

下一站我們一起來到昆德酒莊(Kunde Estate Winery);任何對酒有所了解的人都知道,能夠和傑夫昆德(Jeff Kunde)本人見面是很榮幸的一件事。對於像我這種不懂酒的人,他只是另一個在索諾瑪谷經營家族企業的人,這個酒莊歷史悠久且得獎連連。這塊地是昆德在1904年買的,最早的葡萄樹則是在1882年由約翰卓蒙(John Drummond)開始種植,他是這一帶釀酒的先驅。這個酒莊的血統表示,我在這裡買不到一瓶3.99英鎊的紅酒。一瓶2005年的特級金粉黛紅酒(Zinfandel)比我通常花在一頓雙人牛排晚餐的費用還高。傑夫當我們的私人導遊,帶我們爬上酒莊的山坡。我用iPod Touch向他展示推特的神奇,他開酒請大家品嘗,並講解這個酒莊的悠久歷史。如此安排讓我受益匪淺。

「所以從螢幕上,我就可以知道全世界的人在討論些什麼,」我解釋。

「喔,」傑夫說。

「如果我按這個鍵,我可以看到他們是不是有話跟我說。」

「喔,」

「然後我可以按回覆和他們通話。」

「保羅,這太好了,」傑夫說,「但是我完全不了解你剛剛給我看

的這些東西。」

　　當我們在索諾瑪的陽光下喝著美酒，傑夫和克力斯兩人都表演了魔術般的開酒技巧；將酒瓶尾端從手肘內側快速滾向手腕，打開瓶蓋讓它飛向空中，然後再把瓶蓋接住，整個過程如行雲流水般神奇。當然啦，如果讓我這個毫無概念的英國人試著做一次，絕對是件好玩的事，而且正如預期，我整天都把昂貴的2006年夏多內紅酒穿在身上。

　　一路玩到中午，我們的巴士一路開進索諾瑪，旅途中大家興致高昂，心情愉快。我們在大三餐館(Big 3)享用了十塊美金的啤酒和漢堡，接著在索諾瑪索引論壇(Index Tribune)的辦公室受訪，然後接受推特客的建議，到寬廣平靜的索諾瑪廣場上的瑞士酒店小歇一番。安娜塔西亞、咪咪、戴德拉斯和我坐在露台上，點了啤酒，在這傍晚的陽光下，我慢慢曬得有點粉紅色，臉上盪漾著傻呼呼像小孩子一樣的笑容。我彷彿沉醉在北加州富庶的名流樂園中，戴德拉斯又幫我介紹了釀酒界赫赫有名的人士，傑夫奔得舒(Jeff Bundschu)及克里斯班齊格(Chris Benziger)。夜晚天氣很溫暖，同伴們很友善，索諾瑪真是個好地方。在整個旅程中，我有時候會想，我會不會來到一個我想長住久居的地方。我是經過了一、兩個，但是索諾瑪把它們給徹底比下去了。如果這裡對約翰拉薩特(John Lasseter，迪士尼皮克斯動畫的創意總監)及喬治魯卡斯(George Lucas，星際大戰導演及製片家)來說是好地方，那對保羅史密斯來說就夠好了。

　　啤酒喝得正開心，我突然接到一通來自紐西蘭的電話。那是紐西蘭一個全國新聞節目坎貝爾現場(Campbell Live)打來，問我能不能在一小時後接受他們預錄訪問。一小時後？嗯。我仔細想了一下過去這八小時

我幹了什麼，然後沒有自信我可以熬過這四分鐘而不胡說八道或口齒不清。不過，如果這是預錄，而且推特間接創造了這個可以從紐西蘭得到支援的機會，那我就必須接受訪問。一小時後，來自舊金山的特約攝影師史提夫會和我在漢普敦旅館碰面，於是我只好向我新認識的富翁釀酒朋友及戴德拉斯說再見。我現在覺得這真是個好名字，而且非常適合這位同樣獨特的男士。

結果，訪問過程還不致太糟。在我逛遍酒莊，到瑞士酒店喝了冰涼的啤酒後，我頂著略微日曬過的臉出現。我的確說個不停，直到新聞主播約翰坎貝爾(John Campbell)不得不把我打斷，才能結束訪問。我很高興他打斷我，因為我講太久了，講到我都已經忘了他問的是什麼。

第十九天　3月19日星期四

「唉喲，」當我張開雙眼，腦部開始運作時，我的頭大喊。雖然不是很痛，但是很暈，就像壞掉的電視機，螢幕上都是黑白線。我洗了個長長的溫水澡，喝了咖啡和柳橙汁，終於緩和了太陽穴的規律震動。我先前忽略了漁夫太太的智慧箴言：「先喝紅酒再喝啤酒會有事，先喝啤酒再喝紅酒就沒事。」我可能先前灌了太多啤酒，所以沒把第二點當回事。

週四早上我已經接受班(@alienelvis)的贊助，從奧克蘭飛到洛杉磯。我的禮物交換計畫之前中斷了幾站，有的是因為我忘了，有的是因為事情發生太快，來不及進行。至少，索諾瑪可以繼續這項儀式；安娜

塔西亞已經從克麗斯汀拿到大塊頭書，安娜塔西亞則給了我一頭克羅乳牛玩偶，那是一隻有著胖臉、露齒笑的菲士蘭乳牛，同時也是北加州克羅佛史托內塔(Clover Stornetta)農場的吉祥物。這頭牛攜帶起來，遠比那大塊頭的紐約暢銷書方便得多。

要去機場囉！我們穿過聖拉斐爾橋，從馬林郡來到里奇蒙郡，加入午餐的交通車陣中，再往下開到舊金山灣的東岸，那是個晴朗的春日。當我們抵達奧克蘭機場，安娜塔西亞從贊助人、朋友，又轉變成像我媽一樣，當她擁抱我跟我道別時，她的母性完全流露出來。

「你確定東西都帶了？沒有遺忘在旅館？」

「對啊，我想我都帶了。」

「你的護照和機票，也都帶了嗎？」

「有，」我回答，而且故意用誇張的動作拍拍行李袋向她確認，雖然我的行為看起來像個白癡，但其實我不是。

「好吧。等飛機降落你可以推文給我嗎？讓我知道你安全到達了。」

「當然可以！」

西南航空簡直是蓄意要破壞我的行程，先在週日晚上害我在聖地牙哥誤點，接著又超賣到洛杉磯的機票，這代表著更多的誤點，更多的人擠人，更多的航空公司人員把乘客趕來趕去。我問航空公司人員，飛機到底何時起飛？他們制式的回答是：你必須再等等看。我緊接著問，我什麼時候才知道我到底有沒有排上這班飛機？你必須再等等看。兩個鐘頭過去，飛機仍舊停在地面上，因為太多人要搭了。我無能為力，只好

在登機室吃著過於昂貴的墨西哥玉米餅。

　　直到西南航空終於恢復意識，發現太多人要登上同一架飛機，並不是個可以阻止大部分人登機的好理由時，我才終於等到座位準備登機。這真是段最短的航程，兩個城市間飛不到一個小時。在機場等我的是班，一個五十多歲的巨人，之前擔任過軟體工程師和講師，有張歷盡滄桑的臉；從他眼角的皺紋可以看到歡笑和有趣的故事。雖然班住在聖費南多谷，我們選擇走風景比較有看頭的馬里布海灘公路，結果沿途霧茫茫，我們什麼也沒看到，只看到海灘邊價值一百萬或五百萬美金的豪宅後門。

　　之後，我們又在內陸公路走了幾分鐘，開上慕荷蘭高速公路(Mulholland Highway)。洛杉磯的大塞車讓人彷彿置身於另一個世界；車子一輛緊接著一輛，事實上幾乎都沒在動。班索性把車停在路邊，我則下車欣賞山谷和綠色山坡的美景，覺得景色媲美英國的湖區。這裡究竟是洛杉磯，還是烏斯湖(Ullswater，英國湖區的第二大湖)？

　　在前一天的頹廢享樂之後，我在班的公寓過夜，上上網，看看美國嚇人的電視廣告，偶爾被電視節目給打斷個幾分鐘。班已經離婚，過著節儉的生活；兩房的公寓感覺很擁擠，讓人產生空間幽閉症；磨損到變薄的地毯和老舊的沙發倒是很配。當我看到客房床上被糟蹋到不行的床墊，我的心往下沉。不過，至少我不是蜷身睡在路旁的門口，而且班的慷慨令我無從挑剔。他相信因果輪迴的力量，而且他覺得這好像是件有趣的事，所以他贊助我從奧克蘭飛到洛杉磯，在馬里布請我吃飯，證明他善良、聰明、超越自己的個性，還歡迎我到他的家中。

　　這是個可以休息的地方，如此而已。在不到四十八小時之後，我將再度搭上飛機，穿越太平洋。我將離坎貝爾島越來越近。

　　至少當時我是這麼想的，直到第二天早上發生的事，把一切都丟入五里霧中。

Chapter 23

遇見A咖明星

第二十天　3月20日星期五

聖費南多谷可是大得不得了。真的很大。這裡是兩百萬人的家，洛杉磯一半以上的土地都位在這個谷裡。如果是地理狂熱分子，就會發現這裡足以容納兩個馬爾他島。這裡不太是個步調緩慢的郊區城市，也不喧鬧，反而比較是個擁有獨特個性的地區，最近幾年來試圖脫離洛杉磯的其他區域，自成一格。許多洛杉磯的主要電影和電視公司總部都在這裡，包括迪士尼，而美國合法的成人電影中，十部有九部是在這裡拍攝的。我也是純真和性愛的眾多擁護者之一，卻渾然不知世界聞名的動畫和色情產業這兩項傳統，在此驕傲生根。

我在班的客房中，躺在雜物之間的老舊床墊上，被破損的家具及一箱箱蒙塵的瑣碎物品包圍。谷區的一天很早就開始了，橘色的陽光普照，才早上七點，電鑽就開始運作，把人行道和道路鑽成碎石。房間的

窗戶沒有窗簾或百葉窗可以阻擋陽光，我的藏身處一覽無遺。房間內也沒有冷氣；我的每一吋肌膚都是油膩膩的汗水。雖然我曾經想像自己待在更糟糕的地方，但是我還是有點難以忍受。

前一天晚上，我用班的洗衣機洗了衣服，所以今天起床後，我有了三天以來第一套乾淨的內衣褲可以穿。埋在班老舊的沙發裡，我打開筆電，快速檢查累積成一長串的電郵。其中包含了要求採訪的信、編輯問我什麼時候才可以把答應要寫的文章寫好、或是何時才要開始寫，還有一封郵件來自英國的一家和紐西蘭觀光局合作的公關公司。他們收到紐西蘭觀光局的一則訊息，所以來找我。這不能算是個好消息，事實上，這個消息讓我心碎。紐西蘭人認為我能夠抵達旅程終點坎貝爾島的機率幾乎是零：

> 「坎貝爾島是一個無人居住的自然保留區，距離紐西蘭海岸七百公里。它是南極島群中的其中一島，也是聯合國教科文組織認定的世界遺產，現由保育部所管理。
>
> 而且島上沒有飛機跑道，只能坐船到達。從英凡卡吉(Invercargill，位於南島底端)出發要航行三天。只有漁船偶爾會到那裡去，另外就是遺產冒險公司的觀光船會去，下次的航班是在十二月。
>
> 由於這個島擁有生態的重要性，即便他有辦法抵達，他還是需要申請保育部的准許證明才能到島上去，而申請需要一個禮拜的時間。就算坐直升機也無法到島上，唯一一次有直升機到坎貝爾島，是在1992年的一次大膽援救時發生的，當時保育部的一名員工在岸邊浮淺時被鯊魚攻擊。」

所以，當白痴選擇到有鯊魚的海域游泳時，可以使用直升機，但是

直升機不能用在現代的大膽冒險上？打從第一天我就知道這裡是世界遺產；如果我要去，還得經過冗長的申請程序，這我不太能接受。沒錯，那裡是很遠，離紐西蘭也很遠，但是我沒想到夏季竟然連一艘船都不到那裡去，而且我沒有扭轉時空的能力，所以也不可能等到十二月。我對這些事實並不感到意外，也沒有刻意忽略這個挑戰的難度，但我總是希望宇宙會持續在一團混亂中發現秩序，並為我創造機會。這是第一次有人告訴我，我可能會面臨失敗。

「我們建議他把目標改到另一個島，史都華島。這個島在坎貝爾島的途中，島上有四百位居民，也是紐西蘭最新的國家公園所在地。史都華島外還有許多小島，包括短尾鸌島(Muttonbird，一種海鳥)。」

什麼？他們打算把我騙到另一個島，他們以為我不知道有什麼差別嗎？我當然知道。不行，絕對不行。史都華島聽起來很不錯，也很怡人，但是我還不能放棄坎貝爾島。還有九天，我不能改變目標，如果我改變規則了，誰還會繼續支持我？班穿著睡袍拿著毛巾出現，嘟噥著打招呼，然後快閃進浴室。我咬著嘴唇，把這封郵件又看了幾分鐘，讀了又讀，越讀越沮喪、越生氣。他們讓我可以那麼接近地到那個他媽的島，卻不讓我到我真正想到的島。

班對於我再待一個晚上表示無妨，但是我想到處看看，不想老是待在公寓裡。我上推特看看有沒有人可以收留我，幸好推特沒有辜負我：

---

patricktoneill @twitchhiker 歡迎來到LA，推特背包客。拍照、家庭派對、還有好萊塢等著你。喔，還有地方可以睡覺，而且有風景可以看。

3月20日早上9:27

　　我把自己賣給從沒見過的陌生人。我不清楚這是個LA鬼扯蛋，還是個真的可以窺見好萊塢生活的機會，但是我想都沒想就接受了，馬上和推特客派崔克連絡妥當，然後和班出門到市區吃午餐。

　　我們在賈德納街上停好車，然後向南走了一小段路到日落大道。路上每隔幾公尺就有慵懶的棕櫚樹，微霧的藍天，在遠處的地平線卻呈現一片黃色。LA讓我驚訝的是，它沒有明顯的高地標，日落大道上的建築物都很矮而且凌亂，沒有一棟建築是高於兩層樓的。由於沒有山或海的阻擋，城市向各個方向延伸，土地寬闊，確實沒有必要到處蓋五十層樓高的大樓。LA市區當然有摩天大樓，但都是商業大樓，非上班時間也沒有人會去，所以不算。我們沿著好萊塢和日落大道往下開，來到菲爾法區和拉布瑞爾區，這裡都是慵懶的矮房子，有的看起來都快倒了。拍攝音樂短片和廣告的影視公司參雜在住宅區中，主要道路上則塞滿了商店和餐廳。

　　我們在奇波餐廳吃午飯，這裡是班最愛的餐廳。我瞄了一眼餐單，上面寫著「有機餐點，絕不含硝酸鹽及荷爾蒙！」直到此刻我才發現，我一直都把硝酸鹽往嘴裡塞，以餐廳賣點的角度來看，缺乏這些多分子離子不太有嚇阻的作用，遠不如：

　　「不提供局部肉品。不提供老虎肉。不提供殺人蜂。」

　　像這樣的食物政策還比較刺激；對於廚房裡的警察們來說也比較好執行。我是確定無法從妓女醬汁(puttanesca，以酸豆、黑橄欖、辣椒、番茄煮成的醬汁)義大利麵中嘗出硝酸鹽這壞成分，但是我很高興我的

餐點是由一位會排除殺人蜂食材的主廚所準備的。不客氣,奇波餐廳。

餐廳擠滿了LA典型的午餐食客,所以座位有點擠。其中有忙著八卦的女孩們以及她們的Gucci包、嶄露頭角的演員暢談他扮演的角色、操倫敦腔感覺像雷溫斯頓(Ray Winstone,英國演員)的英國藝術導演。

我在舒適的無硝酸鹽、無殺人蜂環境中,大啖臘腸比薩和妓女醬汁義大利麵,之後,班載我到下一個會面地點。為了感謝他的支援,我送給他安娜塔西亞準備的克羅乳牛玩偶,班則回送了一條藍色的印度披肩。班是個很重視精神層面的人,擁有開闊的心胸、善良的內心。雖然他的一生不是很順利,但他還是堅信宇宙和命運輪迴。我從來沒有在一個男人的眼中,看到這麼多的快樂。

派崔克開著黑色的Porsche 911跑車來到威爾夏大道上和我們碰面。他是個成功的創意導演,三十多歲就擁有一家跨國廣告公司TBWA\Chiat\Day。金髮、堅挺的下巴、古銅膚色、英俊——這四種特質是我得花錢才能得到的敘述。當晚我沒有住在派崔克家;他堅持贊助我住在西好萊塢的張伯林飯店(Chamberlain Hotel)。我當然很感激,但其實是無所謂。我已經睡過氣墊床、床墊、沙發、高級五星飯店,而且旅程過了三週之後,或奢華、或簡約,對我來說已經沒有差別。飯店房間很大,而且精心裝潢過,是八〇年代中期後少見的藍色調。當然,浴室配備了強力蓮蓬頭,雙人床上放了一堆抱枕,裡頭無疑塞滿了一千頭新生羔羊。我其實不在乎我的下一張床是否旁邊就有迷你酒吧,是否有窗外風景,反正我每次的慣例都一樣;我得工作、睡覺、洗澡、然後留下一些衣物

在衣櫃裡忘了拿走，直到離開飯店幾個小時後才被清潔女傭發現；我又掉了一件T恤和一雙襪子。

派崔克遵守了他在推特上的承諾，關於派對的部分。他到飯店接我，我們馳騁在好萊塢大道上，這是另一條寬廣的道路，兩旁是低矮的建築，架設了俗麗的霓虹燈。

「今晚你想瘋狂一下嗎？」派崔克問。「喝些啤酒，認識一些新朋友？」

我什麼時候不是這樣？

「當然想，去哪都好。」

「嗯，我沒有伊娃曼德斯要去的那個派對的邀請函，」派崔克說，「我也過了回覆參加的期限，應該是上禮拜之類的。」

「所以我們不去參加了？」我問，有點迷惑。

「沒有，我們還是要去，我打幾個電話問問，」派崔克淡淡地說，「我可以找到人帶我們進去。」

事實證明確實如此。經過中國戲院擁擠的人潮，我們停在首都唱片大樓附近問了一下路，最後來到洛杉磯時尚週在聯合精品店的活動。精品店外，一群人忙著互相宣傳著自己的最新計畫，忙著頰吻問候，用奉承的聲調不時驚呼，我則被擠到人行道上去了。大家都打扮得十分得體，無懈可擊，不論是模特兒、演員、還是企業主，完全沒有一絲亂髮，牙齒也潔白得有如修女的良知。而我，穿著同一件褲子，還有發臭的咖啡色球鞋，這是我在過去三個禮拜每隔一天穿一次的鞋。

我們和大家在活動場中閒聊，我缺乏自信的情況在我喝了幾杯後，逐漸得到緩解，於是我越來越放鬆，開始和大家鬼扯淡。後來，一陣尖叫聲不停歇地達到最高音量，簡直要讓好萊塢的蝙蝠們永久喪失聽

覺，緊接著一群精心打扮過的人潮湧向入口處。原來是伊娃曼德絲(Eva Mendes)和麗芙泰勒(Liv Tyler)來了——我終於到了真正的好萊塢。曼德斯看起來像是個穿著白色麵粉袋的家庭主婦，但是麗芙，麗芙令人驚艷！而且很高。哇，她真的很高。藍眼美女，完全是我的菜。我做了男學生會做的傻事，鉅細靡遺把來賓資訊都推文在推特上，理所當然，推特上的大夥兒們都要求我提出證據。他們看不到，所以大喊沒發生，他媽的。我還醉得不夠，所以不敢斗膽要求和A咖女明星要求合照，要不是派崔克說服我，麗芙泰勒有可能認同我的故事，認同我曾經是個嬉皮之類的故事，不然我早就算了。我灌了一瓶酒，勇氣加倍，忍住膀胱快要爆炸的迫切感，走向麗芙泰勒。麗芙他媽的泰勒。

「哈囉，不好意思，麗芙？」

「喔，嗨！」

「哈囉麗芙，我叫保羅，你不認識我，但是我正在以推特背包客的方式環遊世界，而且……」

「推特背包客？好酷喔！現在都沒人當背包客了！再多說點！」

太不真實了。我正在跟麗芙泰勒說話，而且她還要我多說點。

「真的？喔，好的，我正在以推特背包客的方式環遊世界，而且……」

「推特？」

「對啊，推特！」

「什麼是推特？」

「這是一種網路上的社交媒體網絡，可以……」

「喔，對啊。」她的眼神不再和我交會，她開始看著她的朋友們，想要逃走。我們兩個的世界相撞後，把雙方撞成細小的碎片。平心而

論，麗芙敷衍了我幾分鐘，這已經夠久了，而且當我為了向那些不相信的人提出證據而要求拍照時，她也沒有叫警衛來。

我們向伊娃、麗芙揮手道別，還有其他明星如二十四小時反恐任務中的演員，當我們走到前門時，也和潔西卡艾芭(Jessica Alba，美國電影、電視演員)道別，然後要到好萊塢山莊參加一場家庭轟趴。那是派崔克朋友的生日，顯而易見，那是個有錢人，甚至請來代客停車人員幫她的朋友們趴車。這看來似乎是荒謬的浪費之舉，但是在這個大眾運輸不甚可靠也不太普遍的城市，你要辦場轟趴，就得找來代客停車。

更多的頰吻問候，更多轟炸式的MV計畫交換，簡直要把我的腦袋炸破從鼻子裡流出來(這是我的詮釋，不是他們的)，但是在房子後方的階梯上，有個我一眼就認出的女人，正在和朋友聊天。天哪天哪，那是喬雅芙克斯(Jorja Fox)，也就是《CSI犯罪檔案》中的莎拉，她就在我的眼前！仗著先前的成功，再加上我又喝了好幾罐啤酒，穿著短褲，我懷著企圖前進，等待他們聊天的空檔，準備介紹我自己，並避免我滔滔不絕時流出口水。

這時候的我，有可能看起來像是個眼神狂野，不懷好意的瘋子，甚至還有點威脅性。或許是感覺到我站得太靠近，一點也不像只是純粹路過，《CSI犯罪檔案》中的莎拉就這樣站起來……然後……從我眼前走掉了。她倒沒有無情到跳起來，但是她肯定沒有顧及到我的心情，從後門進到房子裡去了。

這場遭遇沒什麼值得一提的，幸好他們都沒叫警察來。這位女演員整天忙著處理分屍的頭顱、支解的屍體、殘缺不全的器官，看到我卻因驚嚇而逃走。對於我急於和名人掛勾這檔子事兒，可完全無法和先前與麗芙泰勒的閒談相提並論。

Chapter 24
瘋狂粉絲的人肉搜索

第二十一天　3月21日星期六

搭飛機從洛杉磯到奧克蘭，表示我有十四個小時無法用推特；幸運的是，我還是持續得到來自紐西蘭的支援。自從我宣布坎貝爾島是我旅行的目的地，紐西蘭的報紙就一直在追蹤我的進度；其中第一篇關於推特背包客的專題報導刊登在紐西蘭先鋒報(The New Zealand Herald)。其他還有網路報導，我紅潤的圓臉也出現在電視節目坎貝爾實況(Campbell Live)的最新消息上。看樣子紐西蘭已經準備好要迎接我這個來自遠方的旅客。

週六早上派崔克到張伯林飯店來接我之前，我的行程已經排到下週二，這是頭一次我可以有整整三天事先規劃好的行程。紐西蘭航空將贊助我機位，在同一天的稍晚登機。一位推特客梅兒(@proudkiwi)剛好是奧克蘭市中心天空城飯店的行銷經理，她堅持我住在她們的飯店，

好好休息一下。還有一位海倫(@msbehaviour)提議到機場去接我，雖然我的班機降落時間是睡得正熟的清晨四點鐘。在韓德森的佛斯餐廳工作的艾倫(@THEFALLSNZ)，打算請我吃午餐。酒窖餐廳老闆傑森(@thewinevault)打算在週一晚上舉辦網聚。羅伯特(@globtrav)用他的飛行里程幫我換了一張免費機票，週二晚上飛到威靈頓去。

很忙呢！雖然幫忙的人不多，但是都很熱心。雖然紐西蘭觀光局拒絕隨我起舞，還是有很多人不願意放棄我。

這是我看過最大的煙燻牛肉三明治了。真的很大。十二片粉紅色的黑胡椒煙燻牛肉片摺疊在一起，夾在全麥麵包中。配菜則是厚厚的英國式熱薯條，上面淋滿黃色的巧達起司。在三明治和起司薯條之間，我一邊吃午餐一邊邁向罹患冠狀動脈疾病之路。之前的早上，派崔克和我曾經到過肯特的自助餐店，那是在西好萊塢的菲爾法克斯大道上。那時候我們竭盡所能，想登上山坡上，親眼目睹好萊塢的大型字牌，但是道路封閉，警察守著路障，得改道行駛，於是我們只好折返回到那家知名的自助餐店。

洛杉磯的所有人都知道肯特自助餐店，這家店是在紐澤西創立的家族企業。肯特兄弟在1931年來到西岸，冷盤肉、燻鮭魚、油炸餡餅從那時候便開始銷售至今。瑪麗蓮夢露、約翰屈伏塔、科斯比老爹、阿里，都曾是這裡的常客，來到肯特點一碗熱熱的雞湯。

這對名人群眾們來說很好，但我大老遠旅行了三個禮拜、一萬五千公里，可不是為了來喝碗湯而已。在旅行途中，我不斷將我吃過的美食

照片傳給我推特上的追隨者，他們都批評我的攝影技巧不佳，並預言我終究會死於貪食，還通知我他們很快就會加入我們……等等，什麼？

Saintblake @twitchhiker 請待在那裡…我們正在路上了！

3月21日下午12:23

有人竟然從我的三明治照片中，認出我現在人正在洛杉磯中央？不會吧！或許只是我自己這麼想。我才吃到一半，嚼著口香糖的女服務生向我們走來。

「有兩個人在櫃台，他們說認識你。可以帶他們過來嗎？」

我看著派崔克。派崔克看著我。他聳聳肩。我也聳聳肩。餐廳很忙碌，如果有人找麻煩，可是會有很多目擊者的。

「沒問題，他們是朋友，謝謝。」

穿過走道，兩位男士出現了。其實應該說是男孩。可能還是學生吧！一個很高，看起來有點笨拙，戴著平頂帽和眼鏡。另一個比較矮，下巴留著一撇黑鬍子。他們是強納森(@clede)和道格(@saintblake)，也是推特背包客的死忠粉絲。

「所以你們是怎麼找到我的？」

「我們從其中一張照片中的餐單封面認出這裡，」道格解釋。

「我們離這裡很近，」強納森說。「自從你來到LA，我們就到處晃，希望能夠遇到你。」

「真的？」我問。

是真的。這兩個人整個早上都很努力在追查我的行蹤，但是我對他們在推特上的鍥而不捨竟渾然不覺：

---

clede @twitchhiker 你在LA的哪裡？我在西好萊塢，希望在你離開之前和你握握手！

3月21日早上10:14

clede 有人知道@twitchhiker現在在LA的哪裡嗎？

3月21日早上10:15

clede @twitchhiker 我在費爾法克斯和聖塔摩尼卡。你在附近嗎？

3月21日早上10:18

saintblake 試著在@twitchhiker 離開LA前和他碰面。

3月21日早上10:23

　　服務生，拿香檳來，因為我有死忠粉絲了！我真是很好萊塢啊，親愛的！什麼意思，沒有氣泡？好吧，那來四碗你們的頂級雞湯！

　　他們馬不停蹄就為了見到推特背包客本人，而我卻不知道要和他們說些什麼。我們在肯特餐廳外照了一些照片，最後一張是強納森、道格、和我，肩搭著肩踢大腿。這是個很不真實但是十分愉快的甜蜜經驗。

　　派崔克和我，向這兩位推特背包客迷俱樂部的起始會員(而且是唯二的會員)道別，離開肯特餐廳向LA國際機場出發。由於還有兩個鐘頭多出來的時間，我們往南開向高速公路，再往西到威尼斯海灘。沿著海灘的木棧道滿是當地人、孩子群、觀光客、刺青街頭藝人、忙碌的商店、和傳出吵雜雷鬼音樂的老舊店家，空氣中偶爾還飄著大麻的味道，可能是從那些正欣賞著雷鬼音樂的客人那裡傳出來的。

　　由於我穿著我的「別惹霍夫」(Don't Hassel The Hoff，緣由自美國知名演員David Hasselhoff，曾飾演極受歡迎的影集海灘遊俠及霹靂遊俠李麥克) T恤，似乎正適合我把設立在救生塔上的「禁止攀爬」告示牌視而不見，逕行爬上，然後擺出了符合李麥克騎士精神的英雄之姿。太平洋退去，藍色的海水無力地拍打著岸邊。遺失在波浪之間，幾千公里的距離就像一塊孤寂的石頭，對於地球上的人們來說微不足道。我真的能到達對岸嗎？

　　最後，由於到機場的路途不遠，派崔克提議我們到他的辦公室去看看。我假裝對於這個可以去看看廚房設備和販賣機商品的機會感到興奮，也許可以讓我大開眼界。真的嗎？去看辦公室？這值得我們離開海灘嗎？

　　結果，這可不是一般的辦公室。TBWA\Chiat\Day是全世界最大也最著名的廣告公司之一。為了證明這點，他們堅持不當採用了斜三角形設計，辦公室也不太像辦公室。那是個大倉庫，採用了大膽的色彩和形狀，甚至還有一個室內公園，以及標準規格的籃球場。而且，他們沒有一般的辦公室座位隔間，而是用鋼鐵包廂，一個個疊起來，明亮的黃色，分割成兩邊，當作工作空間和會議室。這肯定比淡紅色的員工餐廳和塞滿過期零食的冰箱，更能激發靈感。派崔克和他的同事們，為世界頂尖品牌規劃預算動輒數百萬美金的廣告活動，品牌包括蘋果電腦、百事可樂、威士金融組織。我忌妒萬分；我花了五年的時間當文案撰寫員，失去靈魂般、慘兮兮地和暴發戶拖車業務和地毯商共事，表示我在開會時總是望著窗外，渴望在維多利亞煤礦業擁有自己的事業。

@

「史密斯先生,麻煩請你到旁邊等一下。現在。」

「我的機票有問題嗎?」

「沒有,史密斯先生,沒有問題。請到旁邊等一下。不是那裡,是那裡。」

我稍早在飯店印出來的電子機票,在紐西蘭航空的櫃檯受到關注,內勤人員忙著打電話詢問,不停按著電腦按鍵,然後叫我到那裡,在某個地方等著,因為某個原因。最後,一位古銅色身穿制服的紳士來到櫃台,確認我就是那個勞師動眾的罪魁禍首。

「史密斯先生嗎?我是提瑞,」提瑞以帶著法文口音的英文說。「我可以幫你拿行李嗎?」

「不用了,謝謝,只有這兩袋。」

「請容我幫你拿,史密斯先生。」

這聽起來比較像是命令,而非請求,所以我把行李交給他,然後跟著這個法國人走,直接穿越那些排隊等著檢查護照的隊伍,帶我到安檢的隊伍最前面。其他乘客看著我,像是在看戀童癖者或登上門的業務員。一路上我們沒有交談,也沒有短暫的客套,只是不停向前走,穿過機場大廳,登上樓梯,來到一排噴沙門前。原來是可魯俱樂部(Koru Club),紐西蘭航空的頭等艙休息室,身為員工的莎拉(@AIRNZUSA)幫我安排了貴賓級的體驗。我從來沒買過經濟艙以外的票,所以從來

沒到過機場休息室。提瑞是休息室的服務生，終於給了我一個溫和的微笑，然後帶我來到我新發現的樂園，裡面有淋浴間、無線上網服務、還有冷盤肉。

提瑞帶我到VIP專屬區，那裡有八張舒適的椅子。他替我拿來一杯香檳，然後留下我獨自享受我最新得到的奢侈狀態。我沒有資格待在這裡，我的下巴鬍子沒剃，衣服沒燙，我完全沒有VIP的條件，至少以LA的標準肯定不夠格，不像……萊斯艾凡斯(Rhys Ifans，英國演員，曾演出新娘百分百中的詼諧配角)，此刻他正走進來，直接走到一張距離我四個座位的VIP訂位桌，然後埋進椅子裡開始看報紙。要不是萊斯選擇坐在離我最遠的VIP區，我們一定會一起出名，萊斯和我。

「抱歉先生，我必須請你換個座位。」

提瑞又出現了，但是，他不是對著我說。

「坐這裡不行嗎？」萊斯艾凡斯問。

「沒錯先生，這裡已經有人訂位了。」提瑞說。「其他地方還有很多座位。」

「但是沒有人坐在這啊，除了他以外。」萊斯艾凡斯指的是我，我這個坐在他對面的假VIP。

「沒錯先生，但是很快就有人要過來坐了。」提瑞解釋。

「我不能坐到他們來再走嗎？」

提瑞皺眉了。

「他們很快就要到了。」

現在艾凡斯能做的，就是編首歌唱唱跳跳，慶祝自己是多部知名影

片和舞台劇中的明星。如果他真的打算這麼做，我就會很樂意配合他，對著提瑞演出加菲貓第二集。不過，以他的聲望他倒是沒這麼做，雖然他明顯覺得有點不爽，但他只是站起來聳聳肩，然後走到別區去了。至於坐在他對面，全身髒兮兮又帶著一袋髒衣物的北方人，則微笑著，懷著遺憾之意，向這位曾獲英國影藝學院獎項的演員揮手致意。

奇怪的是，後來並沒有其他VIP出現，至少當我還坐在那裡的時候。不過，提瑞臉上帶著一抹微笑。

---

twitchhiker 我得登機了。感謝所有幫助我走到這麼遠的朋友們，也感謝來自紐西蘭的協助。我等不及要見到奧克蘭了！

3月21日下午5:55

Chapter 25

消失在換日線的第22天

第二十二天(左右)

在很多情況下，由於我極度荒謬，我希望能有一天可以完完全全從世界歷史上被消去。其實，有那麼幾天因為生病、無力、或是酒喝多了胡亂惡作劇，已經被我消去，但是我從未因坐飛機而失去過一整天。現在，在太平洋的某處，機長從週六晚上跨越到週一早上，過程中跳過了一個週日。由於我之前從歐洲往西旅行到太平洋，我慢慢得到了一些時間，在每個時區都重新將手表調早一點。所以，我旅程中的第二十二天消失了，但是當我們穿越國際換日線時，時間序改變，又直接跳到第二十三天。

在我跳脫時間序的同時，紐西蘭航空的空服員們，熱切的希望聽到我旅途中的奇遇。機組組長熱情地告訴我有事可以盡量吩咐，航空公司的資深主管也確實讓我得到了過度的關注。

我的座位在高級經濟艙，所以我的雙腳可以伸展的空間很大，但是要睡著又有點困難。跟往常一樣，罪魁禍首都是我的手。不管是在飛機上、火車上、或其他類似的地方，我老是浪費了可以打個小盹的機會，因為我不知道我的手到底該放在哪裡。每次我把手放在腿上、抱在胸前、或是放在身體兩側，我都覺得不自然，所以睡不著。我到底該把手放在哪裡呢？結局是，機組組長等商務艙的乘客都睡著後，把我帶到剩下的一張展開的床。我身處於舒適的航空旅程中，彷彿首次來到一個神祕的國度。所以這就是長途旅客付上數千英鎊的待遇，可以坐在隱密的門簾之後，不需理會一般乘客的窺探，並在沉睡中享受品質優越的服務。我無法斷定這到底是慷慨的投資，還是根本在浪費錢。

Chapter 26
踏上紐西蘭

第二十三天　3月23日星期一

週六晚間在洛杉磯起飛後十四個小時，我在週一早上抵達奧克蘭。我睡了大概四、五個鐘頭，但不是睡得很安穩。每當這架747飛機通過亂流，都讓我驚醒。當亂流來臨時，如果是坐著還好；當我躺著、半夢半醒之間，才真正會讓人嚇得尿褲子。之前當珍和我在拉斯維加斯時，我們參加了到大峽谷的觀光團，那是坐限載不到十二人的螺旋槳小飛機去的。當飛機起飛，大家都嚇得半死時，一段廣播冷靜地建議大家，把亂流當作是在一條充滿坑洞的鄉間小道上開車一樣，絕對不會比較危險。德州鼻音透過耳機一再向大家強調，沒什麼好擔心的。但是他忘了，就算車子的輪胎被刺破，或是風扇皮帶斷掉，車子也不會爆炸，或是從數千公尺的高空中疾速下墜，乘客也不會一路尖叫、暈厥、或是開始背誦經文。不然的話，這樣的類比也是挺撫慰人心的。

海倫(推特帳號@MsBehaviour)在奧克蘭機場的入境大廳等我,她很好認,因為她手上拿著特大字體的海報,上面寫著「嗨,推特背包客!」海倫是個高挑、苗條、藍眼的澳洲人,有著一頭紫色長髮。以週一早上不到五點來說,她的興奮看起來不太自然,尤其相對於我的僵硬和時差帶來的困惑。一路上到奧克蘭偏遠郊區的車程,也讓我不太適應;紐西蘭的路標和規定跟英國的很像,但是幾個禮拜以來,原本靠左行的習慣在歐洲火車及美國高速路上變成靠右行,於是原來的習慣變得陌生了起來。除了市中心和盛氣凌人的天空之塔(Sky Tower,南半球最高的建築),奧克蘭的高樓並不多。我們反而經過了平靜的郊區,平房向各個方向綿延了數公里之遠。

由於我對紐西蘭的文化或歷史都不太了解,當我發現毛利語如此通用,我有點驚訝。路標上寫著維它克略、瑪奴卡屋、帕庫朗加之類的地名,海倫在機場歡迎我的海報也寫了──奇亞歐拉(毛利語的「嗨」)──這都是普遍成為紐西蘭人字彙的毛利語。

這很有趣,也很令人意外。我們英國人的血統混雜,因為兩千年前開始被羅馬人征服,後來又有維京人、日耳曼人、丹麥人、法國人、還有其他直接登上門來,想要來個快速佔有和掠奪的民族。所以英倫島上任何曾經擁有過的獨特文化,也早就被同化了。當然,當早期歐洲移民橫越大西洋時,美國原住民的生活並沒有變得更好。我誤以為歷史在其他地方也是同樣的發展,但在紐西蘭其實不然。這並不是說十九世紀大批來到此地的歐洲人並沒有帶來麻煩,其實還是有;當地毛利人人口急速減少,程度之激烈,簡直快要瀕臨絕種。幸好毛利人韌性十足,爾後又再度興盛。今天,紐西蘭有百分之十四的人口是毛利人,他們的文化遺產受到大家的愛護並保存,兩個民族和諧共生。我無疑的是個人生地

不熟的旅客，但我很高興見證到，我的祖先們不是到哪裡就只知道踐踏別人。

我們來到朋松比的奇威電台，見到晨間節目主持人瓦默(如同大多數廣播節目主持人，瓦默不是他的本名，而是葛蘭)，我試圖讓自己在一個小時的訪問中，聽起來前後連貫。之後，我們開車到提提藍集，這裡是海倫和她先生雀爾分的家。雀爾分是從英國懷特利灣外派來到這裡，懷特利灣則是許多英國東北部小孩夏日及週末的去處，包括我。雀爾分和紐西蘭出生的海倫，於2000年在格萊斯通藝術季的金字塔舞台上結婚，然後在隔年搬到紐西蘭，成立他們的摩霍克媒體數位公司(Mohawk Media)。

「你餓了嗎？」雀爾分問。

「餓壞了，」我回答。我從洛杉磯一路上只吃了飛機餐。

「太好了，」雀爾分說，「我正希望你肚子餓，因為我帶了吃的來。」

雀爾分正確地猜到，我過去三個禮拜的飲食缺乏培根蛋三明治，於是很快地替我補充了。

「我想你應該沒有帶適用於紐西蘭的插頭吧？」海倫問。

我承認沒有。我帶了適用於歐洲和美國的轉接頭，但是沒有帶適合南半球使用的。

「我想也是，我們應該還有一個備用的可以讓你用。」

在我們回到奧克蘭，在天空城飯店(SKYCITY Grand Hotel)登記入住之前，海倫和我到市區西邊庇哈的塔斯曼海岸一遊。我們走在狹窄的路

上，蜿蜒迂迴，然後往上爬到威它客園區，被動物群給包圍，直到我們來到幾乎山坡頂端的觀景台。

我的下巴簡直要掉下來，雙眼大張。從左到右，從我的雙腳到地平線，我視野所及是一大片紐西蘭雨林。遠方山脈的樹林沒入下方市區的盆地中；當前美景令人屏息，幾乎無法言喻。

我們下坡回到海邊，經過偏遠的房舍，走到樹林之後，來到庇哈的黑色沙灘，以及巨大的獅子石。山凹之後是更多的峭壁和海岸線，還有山坡後的雨林。時序正值紐西蘭的早秋，海倫和我獨自享有這片海灘。對於奧克蘭的居民來說，威它客園區和塔斯曼海岸就是他們的後院，週末時就來這裡的步道走走，穿過樹叢，享受海浪的拍打聲，或者是什麼都不做。這裡等於是紐西蘭的懷特利灣；對我而言，宛如發現天堂。

週一下午是休息的時間，或許只能睡幾個小時。至少，那是午餐前原本的計畫，但是現實拒絕青睞這個計畫，反而趁我不注意的時候把我帶到酒吧去了。我在奧克蘭市中心高級的天空城飯店登記入住，飯店櫃檯結合了石材和木頭，呈現極致奢華的風格。我在十六樓房間的落地窗從地板延伸到天花板，可以看到大片的市區風景；維他馬他港口的海水閃爍如珠寶般亮麗，進入眼簾，而我的右邊是高聳入雲霄的天空之塔。

我的平衡感遺棄我了。我倒在床上，輕輕把鞋子踢掉，我覺得全身痠痛。我的頭輕飄飄的，很開心，但是很疲倦。我必須休息一會兒，睡上一、兩個小時，或是乾脆睡個夠。自從我搭上美加巴士離開芝加哥，

一整天平靜的車程，經過伊利諾州及密蘇里州，我都能輕鬆地面對旅途中兩極化的失序狀態。偶發的寂寞感和疏離感並非意料之外，不然我就會在途中大肆狂歡起來；但是我需要休息，需要保持清醒和樂觀。

在我還有機會去把窗簾拉起來，重新爬回床上之前，房間裡的電話鈴聲大作；原來梅琳達(推特帳號@proudkiwi)，贊助我今晚飯店住宿的贊助人。她和其他在飯店工作的行銷部門員工，正一起來到大廳的櫃檯來歡迎我。我很想找個藉口待在房間，說我很累，或是有時差，或是說我正在洗頭髮，但我還是在幾分鐘後下樓和他們見面了。我衝到浴室，撐著累壞的骨頭，快速沖洗全身，沖掉一身的疲倦和汗水。我覺得舒緩了些，也比較放鬆，聞起來也不再像是還沒洗澡的年輕運動員。然後，我坐在馬桶上，打算完成整套儀式，沒想到竟然打起瞌睡來，直到二十分鐘後梅琳達又打電話進來。

「保羅，我是梅兒。你快下來櫃台了嗎？」

浴室裡存在著電話，這感覺有點惱人，而我正坐在馬桶上睡著時，它又突然大響，自然會引起一陣慌亂。

「喂，什麼？喂，梅兒！哈囉。是的。」

「所以你很快就會下來櫃台了嗎？」

「抱歉，是的。很快。等我褲子穿好就下來。」

「什麼？」

@

---

twitchhiker 我終於得從迷你吧拿出一瓶紅牛能量飲料
來喝了。嗯,紅牛。咖啡因。葡萄糖醛酸內酯(一種神經
興奮劑)。

3月23日下午5:31

　　之前,當我到全世界各地的城市時,都有人組織網聚來慶祝我的
到訪——華盛頓、芝加哥、威奇塔、舊金山——奧克蘭也打算加入。他
們打算讓其他地方的網聚相形遜色,他們選擇在一家紅酒店舉辦網聚,
基本上已經算是把大家打敗了。我知道英國一直是個酒鬼挺多的國家,
所以當我發現位於葛瑞林的酒窖經營者傑森,原來來自英國的小鎮貝辛
斯托,我並不覺得意外。店的本身不大,有個露台,一層樓都是放酒,
另一層樓是儲藏空間和一些雜物,後面還有天井。但是此店的名氣遠大
於它的外在。傑森不僅僅在推特上十分活躍,也在臉書上大力宣傳他的
酒,並回答業餘愛好者的種種問題。傑森還用家用攝影機,把每週的品
酒會拍下來,製作了酒窖電視系列,透過YouTube及Viddler(線上影視平
台,供品牌行銷及個人使用)發行。這家位於郊區的平凡酒店,和數以
千計的潛在客戶們持續交流,不只是在奧克蘭,也遍及澳洲各地。傑森
證明了,你不需要媒體大師們偉大的設計意見或真知灼見,才能得到世
人矚目;你只需要講些有趣的事情,而且以動人的方式講出來。

　　許多推特客們已經彼此認識,但還是有一小群人尚未融入對話中,
害羞且安靜地在一旁觀察。其中一位是羅伯特(推特帳號@glovtrav),就
是他用他的飛機里程數,將在隔天下午送我從奧克蘭到威靈頓去。

　　如果長翅膀是可能的,羅伯特無疑已經有了一對翅膀。他透過筆電
得以在任何地方工作,跟我一樣,不需要朝九晚五擠在一個小小的工作

隔間裡，待在某個令人產生空間幽閉症的大樓高塔中。但是不像我，羅伯特不想駝著背坐在家中餐廳或當地星巴克的桌子上工作。他比較喜歡飛來飛去，住在雲端裡，在雲朵間工作。

「所以，你的時間都花在飛行上？當個乘客？」我問。

「大部分時間是，」羅伯特解釋。「有時候我一連搭四、五班飛機，在飛機上工作，或是當我在等飛機時工作。然後我會休息一下，當我在某個機場休息室時，安排和朋友們碰面共進晚餐。」

「所以你都飛哪裡？」

「到處飛。很多是國內線，但是我也常飛國際線。」

羅伯特的生活真的是一場夢幻航程，從一場起飛前的安全示範到下一場；所有的航班延誤、那些令人難以忍受的轉機等候——這些都是可以喝杯咖啡休息一下，或是和朋友共享一頓長午餐的完美藉口。我有點羨慕羅伯特這種遊牧般的生活方式——他可是貨真價實的空中飛人，在世界上來來去去，不過我不確定我是否願意離開地面那麼久。

一個接一個，推特客們前來祝福，結果醉醺醺的人越來越多，而我也是其中之一。時鐘走到十點，派對已經開始三個小時了，傑森以酒醉者的邏輯，說現在正是錄製一集酒窖電視節目的理想時刻。這絕對是個蠢到不行的建議，但是經過數公升發酵葡萄汁的過濾，我也只能同意他的看法。

我們晃到樓上拍攝酒窖電視節目的場景；一張普通的桌子旁邊有一對功能椅，背後是洗白的牆壁當背景。幸好，我之前向索諾瑪的戴德拉斯及克里斯學了幾招，足以矇過一場品酒會。不幸的是，我們並沒有

要品紅酒；為了慶祝我來到紐西蘭，傑森決定我們應該以品嘗紅酒的程序來品啤酒。這項嘗試開始得倉促，也很快就走下坡；傑森和我開始體驗聞香、轉喉、漱口、吐出的過程，並發揮到極致。不過也不是那麼極致。隨著我們的見解越來越含混，啤酒的香氣和調性從「老舊髒沙發」到「充滿堅果味，後勁有如快克」，真是丟臉啊！之後我們馬上把影片上傳到YouTube，讓未來的世人們得以在欣賞貓咪彈奏鋼琴的影片中，忽略我們影片的存在。

我們試圖喝光傑森的酒，最後只剩下六個倖存者，結果還續攤到隔壁誘人的吉普賽茶屋繼續喝，紅酒喝盡了，又喝別的酒。一輪喝過一輪，似乎有人打算不讓任何人清醒。最後，剩下我們三個人，撤退到天空城的賭場。我馬上覺得渾身不對勁，彷彿過去的惡魔又出現了；我曾經沉迷賭博，把珍和我僅有的存款都給輸光光，甚至還瞞著她。之後我有四年沒敢再靠近賭桌，害怕我又誤以為自己可以看透一團混亂的牌局，可以贏過一切而不透支或欠繳貸款。

我緊緊跟隨著今晚的最後兩名倖存者梅兒和她的同事露西(推特帳號@kiwilucy)，選擇啤酒，而不冒險失去身上僅有的少許紐西蘭幣。最後，我很難得的向我的朋友們道晚安，然後回到飯店，急著想要好好睡一覺，因為這是三天以來我頭一次可以睡上整晚，沒什麼好丟臉的。

Chapter 27
晴天霹靂

第二十四天　3月24日星期二

早安！喔，不，天還是黑的。事實上才凌晨三點，我只睡了不到兩個小時。幸好我還處於酒精的麻痺中，所以對於沒睡著不至於太過憤怒。我踩著地毯走到浴室淋浴，讓溫水放鬆自己到足以入睡的程度。

早安！喔，不，距離我第二次睡著才過了一個鐘頭，所以還不到五點。時差控制了我的生理時鐘。更糟的是，宿醉開始在我腦袋裡作怪。真慘。我只好屈服，吞下兩顆止痛藥，把額頭緊緊抱在手中。

早安！終於。我手機的鬧鐘提醒我已經七點半了，一道如同武士刀般銳利的陽光穿過窗簾。宿醉我還可以忍受，但是我的左手好像扎滿了針，雙腳也都麻了。看樣子我的身體沒有像我那麼享受這繁忙的旅程。我再一次進到浴室，好好泡個澡。我其實沒有時間可以享受這自私的奢侈行為；在一個鐘頭內，我將和麥克霍斯金(Mike Hosking)一起上國家廣播電台。他是新聞節目ZB早餐秀的主持人，也主持紐西蘭版本的「誰想成為百萬富翁」。

　　橫越庫克海峽來到紐西蘭的南島，如果新聞可以報導我的這項挑戰，對於我的成功來說是很關鍵的；南島可是和英國及威爾斯加起來一樣大，但是只有不到一百萬人住在這裏。三分之一以上的人口集中在基督城，離島的南端還有一點距離。但是這無所謂，如果這些人都支持我——得以看到我成功達到目的地的人必須來自南島，他們也必須是上推特的人，他們也必須知道我已經來到這裡，也願意支持我。這可是百分之幾中的百分之幾中的百分之幾的機率。

---

twitchhiker 好，二十分鐘後就要到ZB新聞節目中接受麥克霍斯金的訪問。之後會報告最新狀況。今晚將到威靈頓。

3月24日早上7:46

如同我已經說過的，並不是每個知道我的旅行計畫的人，都是推特背包客的粉絲俱樂部會員。紐西蘭人在這個月以來一直都很熱情支持，但仍免不了會有一些例外。一夜之間，CNN網站上出現了一則關於我的旅行報導，而這馬上引起一位當地人琳達的憤怒，並留下評論：

「坎貝爾島難以進入是有原因的；那裡是個讓稀有及被保育物種得以不受掠奪的保護區。長久以來，樂於奉獻的紐西蘭人投入了金錢和精力，致力保護這個聖殿。以一個民族的立場，我們不該讓一個傲慢且無知的英國人進入這個保護區，只因為那裡在地理位置上剛好位於他家鄉的相反點。」

我對於坎貝爾島的狀況當然清楚，那是一個世界遺產之地。我傲慢嗎？我從沒有設想過我可以飛越太平洋而不受到任何人質疑，然後趾高氣揚地去到島上，隨心所欲。這是個信念；相信所有事情之間的相互關聯，最終將會讓計畫成真。

或許我太天真了？我已經收到紐西蘭觀光局的禁令，他們覺得我可以抵達坎貝爾島的機率並不高。觀光局在我抵達紐西蘭的那天，登出了最新的新聞稿，帶著慶祝的語氣稱推特背包客「是個可以為紐西蘭及我們的好客精神帶來正面媒體報導的機會」。不幸的是，這篇稿子並未提及坎貝爾島，以及我打算登島的計畫，只提到我來到此地只是為了觀光。我私下被告知要有失敗的準備，並得到公開支持，但是以一種並不鼓勵成功的方式。

梅兒和天空城飯店的同事邀請我共進午餐，我也邀請了紐西蘭觀光局的連絡人蘿貝卡一起參加。其中還有我前一晚認識的紐西蘭航空公司的喬(@jobrothers)，以及安迪(@thebloodster)。我和安迪是先前在兩百

公尺高的天空塔旋轉餐廳碰面的。天空一片晴朗，城市風景一路延伸到
威他瑪塔港，再往北到朗及托托、威黑克群島、再更遠到了哈巫拉奇海
灣。這聽起來像是充滿了異國情調的風景，梅兒和喬以無瑕疵但帶著毛
利口音的英文形容這一片景色。期間，不時被跳下塔去的觀光客尖叫聲
給打斷；天空高塔彈跳的平台正好位於餐廳正上方，來自世界各地的白
癡縱身一跳，衝向地面，然後安全繩將速度慢下來，避免在人行道上造
成一團混亂。不，謝了。

「我們正要進入紐西蘭的冬天，」蘿貝加在午餐時指出。「在這段
期間，在南島外航行並不安全。」
「……」
「而且，搭船來回坎貝爾島需要三天的時間。」

要找到一位船長願意冒著喪失全船船員和船隻的風險航行六天，而
且沒有酬勞，這機率有多高？我的決心有點動搖，而且我第一次願意讓
步——到某個程度。

「我可以飛到那裡去嗎？」我建議。「不見得要飛到島上或是飛過
島上，或許可以飛到比較靠近的地方，然後我可以從遠方望著它？」
我不需要雙腳踩在坎貝爾島上，我跟自己說；只要能在海平線上快
速瞄一眼就夠了。
「或許，」蘿貝卡讓步說。「南島的南區有機場，但是你必須找得
到私人飛機願意飛到那附近。」
「你能不能不要再提登上他媽的島這件事？！」

　　這似乎是我們討論背後的含意。然後話題轉到我竟然在婚後不久就拋下珍出來旅行。正當我試圖多拿幾塊紅蘿蔔到盤子裡，蘿貝卡認真的看著我的雙眼說：「我絕不會讓我的老公幹這種事。」

　　她的眼神中不帶幽默，也不是開玩笑，也沒有一絲絲微笑。我拋下妻子進行這項創舉，看來對觀光局的這位女士來說，並沒有什麼了不起。又有一個觀光客尖叫著跳下來經過窗戶，我打算加入他們，解脫一下。

　　在我打包前往威靈頓之前，我上推特看看紐西蘭是否還支持我：

ExploreMoreNZ @twitchhiker－@kiwiexperience 司機
@SmileyKiwi很樂意載你和露營者@MauiRentals到史都華島的南邊去。

3月24日下午1:56

　　「探險紐西蘭」(Explore More New Zealand)和其它結盟公司共同為觀光客規畫安排探險行程，他們打算提供我所需要的支援，帶我到南島的南端，然後再到史都華島去。史都華島在南島南分約三十公里處。他們也願意幫我安排從北島的威靈頓到南島皮克頓的渡輪。

　　還有更好的消息。至少應該是更好的潛在消息。在我的電子郵件信箱裡，躺著一封匿名的郵件，這名追隨者以我的名義連絡了紐西蘭的保育部，並且把對方的回函轉給我：

嗨，推特客支持者：

由於保育部的南方群島區專門管理紐西蘭南極區域自然保育，
其中包括坎貝爾島，所以你的郵件被轉到我這裡來。我很感激
推特背包客這麼熱切地想到坎貝爾島，就像其他數千位其他人
一樣，但不幸的是，要抵達坎貝爾島不是件容易的事。

目前計畫要到坎貝爾島的行程是在十一月，而且那是一家商業
郵輪公司的計畫，所以他計畫要在月底前登島，我看不出有任
何的可能性。

如果你想要任何可行的方法(找到某個有錢的贊助者願意提供一
艘船前往)，我們就可以寄給你或他一份許可申請表，因為所以
打算登島的人都必須有許可證，並依照相關流程辦理。

保育部證實了我已經知道的事，不過他們的用詞至少比較令人愉
快；我可以登上坎貝爾島的機率跟小昆蟲的IQ差不多，只比零高出一點
點，但是，卻需要極大的信心才能達成，「但是」，如果我就是有辦法
抵達這個島，他們就會協助我取得許可證，讓我得以下錨登島。所以我
需要的就是一艘船和船員，他們願意不拿酬勞航行六天，自己設法支付
開銷。而且這一切必須透過推特來發生。直到目前為止，一直有奇妙的
事情發生，雖然不多。成功的機率低到可能要用精密的質量分光計才能
測量得到，但還是有希望的。

@

搭乘紐西蘭航空到威靈頓的班機很安靜，不到一小時就到了，屬於在北島兩個主要城市間往返的通勤班機。我在前一晚的混酒狂飲遇到的露西，推文說要載我到機場，於是，我接下來三天的行程已經確定了，這行程將把我帶到史都華島去。

威靈頓的贊助者娜瑞兒(@narelle_NZ)在入境大廳拿著海報等我，臉上帶著活潑的微笑，海報上列印了我之前倉促完工上傳的推特背包客標誌。那是晚上八點多了，天色已暗，街上的景色和紐西蘭首府的樣貌朦朦朧朧，但很明顯的，威靈頓的性格和奧克蘭很不一樣。娜瑞兒住在市中心的提阿蘿，但是建築物普遍不高，社區內的風格和建築輪廓也都不一致。威靈頓雖然是首府，但是看起來卻感覺比較輕鬆，像個小鎮。

已經有一些推特客在南十字酒吧等我們了，這是我接連第二個晚上又有藉口可以狂飲一番。我累得像隻田鼠，但是很熱切想和樂意與我共處的人們共度時光；他們是我前往坎貝爾島途中的家人。一打以上的推特客，擠滿了南十字酒吧的一張長桌；有些人是娜瑞兒認識的，有些則是出於好奇不請自來的。其中有一個人我覺得很面熟，那是個叫愛麗克斯(推特帳號@alex_bettylou)的女生，我上次看到她是六個月前在新堡的時候。我們曾經短暫共事，之後她和紐西蘭男友一起移民到紐西蘭來——推特把我和世界各地的朋友們串連在一起，包括新朋友和偶遇的朋友。

我沒想到今晚會喝得那麼晚、喝得那麼醉。但是當聚會真的搞到很晚，大家也都醉了，這倒也不令人意外。我們一小群人又續攤，到了古

巴街上的麥特角(Matterhorn)。這是個高級酒吧，燈光昏暗，我看得到最遠的地方是我的鼻尖，不過也可能是因為我喝多了。我們點了骯髒危險的傑格香料酒，喝完了一輪又點一輪，一邊討論著電影魔戒的卡司。每個人都有故事要說，一定得是個傳統、或是一則老故事之類的。

這個城市是威塔數位公司的所在地，這是一家製作電影特效的公司，創辦人之一是導演彼得傑克森(魔戒等片的導演)，魔戒三部曲中的很多片段都是在威靈頓拍攝的。麥特角是很多片中演員固定光顧的酒吧，包括在三部曲中都參與演出的麗芙泰勒。我似乎命中注定要和好萊塢女明星綁在一起，或者，我在不知不覺中已經變成了跟蹤者。

最後一輪酒之後，我們剩下的六個人又繼續前往古巴購物中心，並經過有名的水桶噴水池，這是威靈頓當地人盡皆知的一處流水構造，當魔戒男主角伊利亞伍德在某個狂飲之夜後，在噴泉中解放，這個噴泉頓時變得舉世聞名。當新聞標題出現時，在公共場所灑尿的是個骯髒的哈比人(也可以說是個骯髒的習慣，因為英文的「習慣」(habbit)和電影魔戒中哈比人Hobbit的英式發音相同)。如果他們沒有利用這個完美的雙關語，那就是他們太蠢了。我可不想效法伍德，於是接下來我故意把喝酒的速度放慢。我在娜瑞兒家的時間，會是我在旅程結束前，最後一次可以工作的機會。之後，我就能回到我英國的家中了，只是不知道會是何時。目前為止，這個月我只賺了不到三分之一的薪水。

娜瑞兒在提阿蘿的公寓是個三房的雙拼(一層樓兩戶)，有著挑高的天花板和現代的裝潢。我們一起喝著一瓶剩下的紅酒，聊著娜瑞兒的工作。她任職於政府機構，是個網路設計師及開發師。我們一直聊到很晚，所以得等到隔天我才能工作了。隔天我可以工作到我離開這裡之前，然後邁向旅程的最後階段，前往坎貝爾島。

Chapter 28

微笑臉

第二十五天　3月25日星期三

自從我來到紐西蘭，禮物交換的計畫就徹底下地獄去了。在洛杉磯機場，我把班提供的絲質披肩送給LA的第二位贊助者派崔克。派崔克當然沒想到得準備一份禮物；我旅途中的推文他都沒看到。他跳起來，到他的手套盒子裡東翻西翻，都是些我們棄之不顧的垃圾玩意兒。最後，他從一個有刮痕的珠寶盒裡翻出一張CD；收錄了他目前最喜歡的迪斯可舞曲。雖然是個偶然的禮物，但是絕對很有私人品味。

這張CD塞在我的行李袋中，一路跟著我越過太平洋。由於我的愚蠢，我忘記把它送給在奧克蘭幫助過我的人。我稍早記起來把它交給了娜瑞兒。她回贈我一個高爾夫球大小的玻璃製地球，鑲在一個玻璃座上。各個國家和大陸都刻在表面；拿起它對著光，當我看著紐西蘭時，我可以看到英國正在世界的另一端等著我。

　　威靈頓的渡輪站是我旅途中到訪的第二個渡輪站。不像北盾渡輪站會讓我想起地方性機場，威靈頓渡輪站比較像是市中心的巴士轉運站，滿滿的當地人、銀髮觀光客、還有背包客。不只是乘客們忙著登船，轎車、休旅車、卡車、載貨的軌道車也都忙著從船尾上船。這個通行於島嶼間的渡輪，得以讓北島和南島之間可以有單軌系統的行駛。

　　這艘渡輪比之前載我從北海到阿姆斯特丹的渡輪小，但是這艘船充滿了特殊的農場氣味。有幾輛載著羊群的車子停在船尾附近，羊群的糞便想必在途中累積不少，恰巧是船長為三個鐘頭航行所準備的。幸好海面還算平靜，我惡臭的嘔吐物並沒有來湊熱鬧。

　　我已經在奧克蘭西邊的庇哈見識過野外之美，但越過庫克海峽到皮克頓的航程更是美得令人震懾，當然不是因為那味道。現在，令人震懾或許是個懶惰的形容，已經在日常生活中濫用過度，用來形容許多並不相符的事物。但相信我，當我說海豚飛越過渡輪行經的路線，我們經過馬爾博羅海峽群島(Marlborough Sounds)如森林般的壯觀，我的下巴都因震懾而掉下來，我的肺也快喘不過氣來。在晴朗的藍空之下，我正經歷了大自然之母帶給我的全身震撼。眼見這些山谷群，好像是以高解析度看世界一樣，清清楚楚的形狀和色彩，景色中細膩的輪廓和質地，鬼斧神工，讓人覺得雙眼也無法理解，腦袋也無法運作。真正是豐富又單純的美。

Twitchhiker 海豚正飛越過船舷。這裡是獨一無二之所。奇妙得令我想哭泣。但是我不會的。

3月25日下午4:37

其實我還是哭了，但是我不打算承認。這景色幾乎是最壯觀、平靜、又完美，輕而易舉就讓我感動落淚。

我的票是由「發現紐西蘭」(@ExploreMoreNZ)所贊助，表示我可以到渡輪上的VIP休息室去。通常使用的人並不多，我用卡片鎖刷卡進入，發現室內跟船上的其他地方沒什麼兩樣。有一份免費報紙、一杯柳橙汁，但兩者都沒有讓我覺得自己很受禮遇，我期待太高了。有一位膚色黝黑的羊車司機也在其中；我不需要天賦異稟才能猜出他的職業，只需鼻子一聞便知──他聞起來有羊屎味。他馬上發現我的存在，由於房間內沒有別人可以聊天了，他問我為什麼搭渡輪。

「推特？沒聽過，」他說，當我試著介紹自己時。
「這是一種透過網際網路，和世界上其他人交談的方式，」我懷著希望說。
「網際網路？什麼LP啊，沒意義啦，小夥子。我才不想用。」

唐諾，這是他的名字。他繼續說網際網路毀了整個社區，因為大家寧願把臉埋進他媽的電腦裡，也不願意去敲鄰居的門了。他看樣子非常不能忍受人類受制於數位科技的感覺，所以我只好改變話題，跟他聊家裡的事。唐諾有兩個女兒，都住在英國。

「你不常見到她們吧？」我心懷安慰地說。
「不會啊，常看到，」唐諾說。「週末才和其中一個女兒在Skype上聊天。」

他因天氣而飽受摧殘的臉看著我說，沒有一絲諷刺的意味。我以我兒子的性命發誓。

雖然我聽過有關渡輪穿越庫克海峽的恐怖故事，但航程中很平靜，也很適合休息，更沒有人吐在別人的大腿上。在奧克蘭的時候，梅兒曾經說了一個過去的悲慘故事，當年一艘渡輪開了十二小時之久，因為威靈頓和皮克頓的海域非常危險，船長不敢嘗試靠岸，於是只好來回航行，一下子試圖在南島靠岸，一下子又試著在北島靠岸，然後又來回一次，直到最後海水終於比較平靜，才在威靈頓下錨，讓數百名臉色慘白、餓得發慌的乘客們登上擁擠的小船靠岸，套句梅兒的話，「擠得水洩不通」。

目前為止我已經說了一堆關於嘔吐的話題，不是嗎？可能多到超乎我們兩人的預料。或許我應該先準備一些標示粗黑體的警告標語，因為你在看這本書的時候或許正吃著美味的三明治。如果是這樣，而且當我又講到另一個令人倒胃口的故事，以後當我們有緣相見，我一定會請你吃另一個三明治。我必須實話實說，接下來還有其他關於嘔吐的故事，我當然也不想要如此，但是，真的沒辦法。

皮克頓從遠方看來，是個位於夏綠蒂皇后海峽北邊的小小島。當我們越來越靠近，它也逐漸變大成一個小鎮。岸邊最主要的建築物就是

港口，住家和其他建築物則分散在寬廣森林的兩側。海岸線附近到處都看得到廢棄的住宅，而且似乎只能透過船隻出入。他們的生活一定很愜意，因為沒有什麼交通喧擾，除了經過的渡輪，還有偶爾出現的帆船，沒有一整輛遊覽車的背包客，也沒有吵雜的觀光客或對你虎視眈眈的業務員。親戚不會突然造訪，鄰居也不會在凌晨播放吵死人的新式爵士樂。沉默，安靜，還有來自天堂的美景，我得記下來這是個可以退休的好地方。

下船後我和微笑臉見面了，這當然不是他的真實姓名。他是奇威旅遊(Kiwi Experience)的司機，將擔任我在南島的司機。他很好認；他開著一輛露營車、戴著遮陽帽、太陽眼鏡、穿著短褲。他笑得十分真誠，嘴角從右耳開到左耳，牙齒全都露出來了，肯定可以在任何地方都交到朋友。他的金髮捲得不得了，像是道磚牆一樣。微笑臉是道地的當地人，多年來在紐西蘭載著觀光客到處跑。

「老兄，你好嗎？我幫你拿行李好嗎？渡輪坐得還舒服嗎？要走了嗎？餓了嗎？我買了很多吃的，所以你如果餓了就跟我說。」

我的贊助者應該等同於我的門房，但除此之外微笑臉很高興看到我，而且他有充分的理由。

「我已經拿到全額酬勞了，所以我得載你環島一周，你想怎麼走就怎麼走。這錢好賺，看看風景，不用趕，這可是份好差事，老兄！」

如同紐西蘭島上半數的人口，微笑臉也是電影魔戒的製作助理，跟那些，嗯，你應該知道我要說什麼了——跟麗芙泰勒之類的明星混在一起。但是幾年之後，他發現當司機的工作比較令他滿意。

我們開車開了兩個小時，一切就很容易理解了。當晚我們沿著海岸公路打算到凱庫拉，當夕陽落在南阿爾卑斯山的山坡下，藍灰色的薄霧

慢慢籠罩在灰炭色的海灘。紐西蘭不斷展現出驚人的新風貌，我的心跳一次次加速，雙眼也越睜越大。當我們屈身走過一個山凹，有名衝浪者正在黃昏的浪中試著他的運氣，除此之外就沒有別人了。事實上，在南島的一路上都很寂寞；這片土地有英國和威爾斯加起來那麼大，可是卻只住了一百萬人，這表示我們可能開車開了二、三十分鐘，也看不到一個人。

當天色轉黑，我們抵達了東岸的凱庫拉。頂尖青年旅社(Top Spot hostel)提供我和微笑臉當晚的住宿。這是個不大的兩層樓建築，住滿了一整車的年輕的背包客和溜冰客。我很難說這兩者哪一種比較惹人厭，年輕背包客們看得出來已經一起旅行了好幾週。他們之間存在著詭異的沉默，渴望的眼神透露出他們因喝醉曾經彼此亂搞過，然後幾天以來免不了感到後悔及尷尬，但又無法逃避，就像在電梯裡放臭屁又逃不了一樣。就是這樣。而且跟其他背包客團體一樣，總會有個蠢蛋帶把吉他。這個頭髮亂糟糟的年輕人，會的和絃大概不超過三個，但是他仍試圖討好女孩子們，並激怒其他男孩子們。看著這些年輕人因為喝了廉價伏特加，而拼命掙扎著證明自己，真是非常、非常苦惱又有趣。

---

twitchhiker 停留在凱庫拉的頂尖青年旅社，同在的還有一群年輕人拿著一把吉他哀嚎著。想當年我們也是如此。

3月25日晚上9:19

微笑臉和我吃了為我們準備的烤雞和烤香腸，然後回到我們的房間。我的房間是個單人房，有個私人浴室，但是沒有門。床是房間內唯一的家具，不過很乾淨，也沒有爆出的賀爾蒙。我好像挖到青年旅社的

金礦了，好像。但是並沒有。這間房間熱多了，窗戶和拉門都關得緊緊的，但是我在戶外聽到昆蟲的各種叫聲，我在房內一樣都聽得到。

---

twitchhiker 厭倦了殺死有翅膀的生物。我將慢慢被活吞了：(

3月25日晚上11:28

當我已經無法再捉蟲、打蟲、也無法再持續咒罵，我只好爬上床。由於熱得無法忍受，我也無法蓋被子。因為太累，我還是睡著了，但有時還是有東西爬過我臉上。3G信號不穩定也讓我有點煩惱且害怕。自從我來到南島，一路奔波，上推特變得幾乎不可能；青年旅館沒有網路服務，隔天應該也是沒有。手機偶爾會有微弱信號，照亮螢幕，讓我得以上推特和外界聯繫。但所有事情都變得不確定了。

Chapter 29

背包客的露營車之夢

第二十六天　3月26日星期四

青年旅舍裡的其他房客要是幸運的話，就不會聽到從我房間傳來如蝙蝠般恐怖的尖叫聲。我可沒想到會發生這種事；我竟然被某個距離我臉部只有幾吋的東西給嚇醒。我嚇得不到一秒鐘就從床上跳起來，衝到對面牆上的電燈開關，腳上踩到了先前殺死的昆蟲屍體，發出脆脆的聲音，和黏膩的滲出物，然後我把電燈打開。

---

twitchhiker 親愛的耶穌。某個跟車子一樣大的生物正降落在我的枕頭上。

3月25日晚上11:28

枕頭上是一隻硬殼甲蟲，一隻大得跟一頭小馬一樣的蟑螂。我拿起

床尾的毛巾猛力揮打它，當它快速逃過床單要靠近我的腳時，我又尖叫了。前晚的碎碎念根本不算什麼，我怨恨紐西蘭的夜晚，以及所有六隻腳的生物。

出於無奈，在我和房間內蟑螂的邂逅之後，我還是睡到隔天早上。我在微笑臉的露營車上咻咻咻嗑完一盤班乃迪克蛋，微笑臉把我載到凱庫拉的一家網咖，於是我得以再次和數位世界取得聯繫，希望有進一步的好消息。結果沒有。除了一位來自英凡卡及的推特客，以及基督城的一位男子，想把我塞進他的休旅車後座，原因不明，並沒有人提供任何可以超越史都華島的支援。許多善心人士對於charity:water慈善組織的捐款仍然持續當中，但是善意已經不夠了，已經無法助我越過無盡的海洋。

再過一天，我們就要到史都華島了，所以微笑臉和我很樂於停車熄火，花上一整個早上的時間賞鯨。由於凱庫拉峽谷深達數公里，位於小鎮的海岸邊，其間又有獨特的洋流經過，凱庫拉成為著名的賞鯨之地。根據傳說，峽谷同時也存在著神秘的巨型章魚；雖然這隻猛獸存在的證據極少，但不時仍有一些生物的屍體被沖到海灘上來。

在登上遊艇之前，微笑臉想帶我看看他發現的凱庫拉最佳觀景點；那是靠近毛伊街的一條老舊山徑，在海平面之上的半島，剛好分隔了小鎮的南北灣。薄霧四起，我們所站的高點只不過比霧還高一點點，薄霧之下，煙燻色的海灘在右方，凱庫拉在一側，另一側則是有著蛋白石色澤的海洋。遠方如鋸齒般尖銳的山群，在晴朗的藍色天空下延伸開來。

這個國家真的是竭盡所能想要取悅大家；就像隻暈頭轉向的小狗一樣，不停叫著、搖著尾巴，直到你丟球丟了不下二十次。紐西蘭就是忍不住要持續令人驚艷，而且每到一處新的景點，就又超越上一次的讚嘆。不論你住多遠，你一定要來這裡看看；把你的待辦事項清單好好調整一下，一定要把紐西蘭放在前十個項目。你有可能放著一年或兩年後才成行，但是我保證你絕對不會後悔的。我可不是住在地窖裡過日子，對世界上的美景一無所知。我曾在夏日到英國的湖區或北約克夏的摩爾斯一遊，也曾在尼羅河上航行過，也到過加那利群島的平靜漁村捕過魚。但是，紐西蘭是無可倫比的──我才到此不過三天，但我已經看到了世界珍奇之美。

不過，我還是有沒看到的，那就是鯨魚。

搭遊艇航行，簡直就是試圖把我吞下去的班乃迪克蛋給掏出來，而結果就是只看到一隻迷路的信天翁和許多看似可疑的船隻。這一切都不是海洋的錯；而是我們的船好像是由一個男孩賽車手在掌舵的，雖然事實上並不是。我們的船長是個高大的毛利人，有時候他會把引擎關掉，然後將巨大的聽筒潛入海浪之下，希望能捕捉到鯨魚的歌聲。隨著海面逐漸蒸發，本來在這一帶常常出現的抹香鯨仍然不見蹤跡；四處只見到一望無際的海平線，還有偶然出現的鳥，除此之外，這只能說是個失敗的賞鯨之旅。

我們從凱庫拉繼續向南行，走一號高速公路前往基督城。一號高速公路是紐西蘭一條歷史悠久的國道，連接北島的頂端一路往南到南島的

南端，中間則因庫克海峽間斷。這條高速公路絕大部分路程都只有一線車道，但是經過奧克蘭和基督城時，車道就會增加，以消化都會區的交通，其它還有幾個地區，車道也會增加以容納車流量。除此之外，這條國家主要高速公路就是只有雙向兩個車道。這很不可思議，但是多了就真的是多餘了；三月是旅遊淡季，所以一路上只有微笑臉和我，陪伴著這靜謐美麗的鄉間。

我們原本的路線是要直接到南島，然後到英凡卡及，但是一通電話讓我們改往西行。微笑臉的女朋友從皇后鎮的家裡打電話來；一個相熟的親戚生病了，她在電話中泣不成聲。

「如果我們可以在今天晚上過去看一下，我會很感激你的，老兄，」微笑臉解釋了事情的狀況後說。「決定權在你，你有該去的地方要去。」

沒錯，我是有地方要去，但是我該在今晚或明天早上到達英凡卡及，對我來說其實沒有差別。我是必須到一家廣播電台接受早餐訪問，不過路線和時間和這是沒有影響的。開車到皇后鎮，會把我們帶得離海岸更遠，反而進入南島的內陸，經過南阿爾卑斯——又一個肯定會讓我讚嘆不已的旅程。

我們把當天的行程期望值設得太高了，因為我們希望能在一天內幾乎走完南島。凱庫拉和英凡卡及的距離是接近七五〇公里，如果開車不停下來休息，要花超過十個小時，但是微笑臉在開了六個小時的車後，開始覺得累了。這真是個大好機會，因為我一直等著能夠開一輛露營車橫越紐西蘭。

「當然，老兄，如果你想開就讓你開，別客氣，我真的累了。你以前開過露營車嗎？」微笑臉問。

「沒有欸，」我回答。「但是我開過休旅車，也載過人，所以我沒問題的。」「太好了。你開過自排車吧？」

自排車？我往下看了一下我的右側。沒有排擋。啊！

「沒有欸，」我回答，並希望微笑臉的臉上不會出現恐懼，「但是應該不難吧？」

「一點也不，老兄，你應該是天生好手！」微笑臉微笑了，然後他停下車來和我交換位子。這個人天不怕地不怕。

我坐上駕駛座，把座椅往後調，繫上安全帶。我的腳下只有兩個踏板、煞車和油門；停，跟走；我怎麼可能搞錯呢？

結果我們從容上路了。當我們一個急轉彎，微笑臉發現對方有來車，從一座單向通車的橋上而來，於是他警告我放慢車速。十六年的直覺回來了，我用左腳猛踩離合器，右腳放開油門。結果那當然不是離合器，因為根本就沒有離合器，那是煞車。於是我慌了，車子沒有照我預期的運作，接著微笑臉發出聲音。他並不是真的什麼都不怕的。然後是後車廂傳來的碰撞聲——行李袋、筆電、毛毯、蛋、煎鍋——它們持續從後車廂往前移動，停在前面。最後，車子完全停下來了。

我從錯誤中學習，接下來就再也沒有重複同樣的錯誤了。但這沒有阻止我把車子刮傷，因為我開得太靠近路邊了，結果造成的刮傷得花上好幾百塊錢修理。

「吱——！」當我刮傷車子時，車底板發出刺耳的聲音。

「老兄，我可付不起這修車費，」我們停下車檢查損傷時，不再有微笑的微笑臉說。「我不曉得該怎麼辦。」他的意思很清楚，而且他說的一點也沒錯。

「別擔心，」我回答。「我之前有告訴『發現紐西蘭』的瑞奇，我可能也會輪流開車，所以我相信他有買保險。」

上帝保佑。

「如果他沒買，」我又說了，「我來出錢。都是我的錯，請不要擔心了。」

我對微笑臉的承諾完全是空虛的。我連回英國的機票錢都還沒搞定；除非我要求珍和孩子們開始從垃圾桶找東西吃，不然銀行戶頭裡是沒有錢可以付修車費，或是回程機票錢的。

微笑臉再度回到駕駛座上，於是我只能呆呆看著窗外風景。當薄霧籠罩紐西蘭，我們停在泰加坡湖畔(Lake Tekapo)的好牧羊人教堂。泰加坡湖就像一根灰色手指頭，延伸至遠方凍結的山峰。教堂因其特色成為一處觀光景點，但是我們到時沒有別人。在馬爾博羅海峽群島看到的海豚群讓我熱淚盈眶；泰加坡湖源頭遠方的庫克山則讓我的眼淚滾滾滑下臉龐。這真是個美景動人的震懾感受。

twitchhiker 到皇后鎮的一路上像是在進行障礙滑雪。只有兩次嚇得尿褲子，還好天色已暗。

3月26日晚上9:44

雖然我們改變路程，瑞奇一直在注意我們的動向，並推文告訴我可以提供皇后鎮的一夜住宿。從凱庫拉到皇后鎮將近六百公里；在黑暗中走著濕滑的山路，又讓我們行程更加延後，於是當我們到達基地青年旅社時，已經接近半夜了。英凡卡及還要兩個鐘頭車程才會到，這表示，如果我要趕上隔天早上的電台訪問，我們必須在清晨四點起床。

我不打算睡覺，乾脆探險一下皇后鎮吧——但是我只有四個小時，可能會回不來。我試著躺下來，但是覺得天旋地轉；有點噁心的感覺。想要睡覺幾乎是不可能了；我的房間在緯度酒吧樓上，喇叭不停發出蹦蹦蹦的聲響，而這不只有緯度酒吧如此而已，這條夏特歐街和其他附近的酒吧都是如此。皇后鎮是十多歲到二十多歲愛冒險年輕人的目的地。在這裡他們可以玩高空彈跳縱身跳下峽谷，背著降落傘降落在冰河上，或是從事任何讓腎上腺素激增的活動。這些我一點都沒有興趣。如果這聽起來像是你的聖地，皇后鎮非常歡迎你。不幸的是，你也必須面對數千名夜夜狂歡的冒險狂。或許我年紀大了無法欣賞這種行為，或許我只是太累了而無法一起同歡，不過我在新堡時，可以在任何一個晚上到比格市場酒吧區擁有類似的經驗。當微笑臉回家處理家務時，我到緯度酒吧喝了兩杯，然後到附近的世界酒吧又喝了一杯，試著讓自己感覺不那麼他媽的老。最後我說服自己，皇后鎮沒什麼好看的，至少在半夜兩點鐘是如此，結論是，睡覺對於酒吧中的年輕人來說是完全可以接受的選擇。我也很可能這麼做，要不是遇到那些在費格漢堡店外的孩子們。

夏特歐街上的費格漢堡店，是來到皇后鎮的人都知道的漢堡店，我的肚子急著想嘗試他們知名的紐西蘭牛肉堡。我點了費格漢堡加生菜、番茄、洋蔥、和瑞士起司，付了十一塊，拿了號碼牌，在附近等著。周圍是一群女孩子，穿著短得不能再短的洋裝和高跟鞋，露著胸部咯咯笑

著，旁邊看似狡猾的男孩子們則穿著露出半個屁股的牛仔褲。

「什麼帝王般的服務，真是笑話。而且服務生連個他媽的微笑都沒有。」

我很難不聽到他說的話，因為他幾乎是用喊的。那個紅髮服務生幫我點餐的時候可一點問題也沒有，她聽到以後，臉部抽動了一下，有點生氣和尷尬。

「或許你試著有禮貌一點，人家就會快點服務你，」我很客氣地說。

那年輕人用他酒後剩餘的平衡感衝過來，當他發現他的眼睛還不到我肩膀的高度時，才停止叫罵，然後搖搖晃晃的走回和他一樣醉的同伴，搭著他們的肩，轉述我叫他禮貌點的故事。雖然有點小意外，所幸，費格漢堡的漢堡讓這個意外變得幾乎可以忍受，幾乎。每個地方都需一個可以讓人完全解放之處，對於紐西蘭來說，這個地方就是皇后鎮；如果你志不在此，你很容易在寬廣的紐西蘭中忽略這個地方。像我就是志不在此。

如果要睡覺，也只剩下不到兩個鐘頭了，對我來說反正也睡不夠，所以我乾脆坐在青年旅社的電腦前，上傳照片，告訴大家我遇到了原始野蠻人的事。到了史都華島之後的支援仍然毫無音訊，而且看起來希望也不大。英凡卡及這個城市只有不到五萬人口，其中只有不到四百人住在史都華島；紐西蘭人口如此零星散布，我覺得我好像在對空氣喊話，成功機率微乎其微。

Chapter 30

渺茫的機率

第二十七天　3月27日星期五

英凡卡及很不公平地被其他地區稱做是「紐西蘭的屁眼」；或許這只是純粹地理上的形容，因為當我們來到這個城市的第一印象，這裡是個很令人愉快的社區。沒有明顯的摩天大樓，或是分散的集合社區，放眼所及是寬闊道路兩旁的兩層樓商店，沒有交通尖峰時刻，街上也沒有如賽車般的匆忙瘋狂。我倒是看到一、兩輛烏賊車，但不管你剛好在哪個大陸上，多少都會看到的。

微笑臉很早就回來了，可以回家一趟安慰他煩惱的女友，他感到很開心。我可以不用那麼擔心了，當微笑臉載我前往摩爾電台(More FM)接受訪問時，我試著在車上睡了二十分鐘。自從抵達紐西蘭後，我很少休息，助我得以征服南島的腎上腺素開始慢慢消失，我開始有點焦慮，於是當主持人葛瑞春和詹姆士問我下一步希望發生什麼事時，我有點失

控了。

「下一步？我想看坎貝爾島。我想要一位飛行員。我可以接受只從幾百哩外的雲端上看看它。我不覺得我可以找到某位船長願意帶我航行，所以只要一位飛行員，有一個早上的空閒時間，一位有錢的飛行員擁有足夠的飛行燃料就夠了。我只想看看那個他媽的島。我都快到那裡了，但是快到是不夠的。我會讓很多人失望。」

「等等，你的目標不是旅行到離家盡可能遠的地方嗎？」主持人葛瑞春問。「如果是這樣，你到哪裡停止，你的目標就算達成了不是嗎？」

「對啊，」同樣是主持人的詹姆士附和說，「不管你在三十天內到達哪裡，就表示你離家盡可能遠了。」

「……」

我沒有回答。他們說的沒錯。坎貝爾島只是個概念上的目標；我的目標是藉由推特客們的支援，旅行到離家盡可能遠的地方；不論最後我到達哪裡，都算達成目標。不論你到哪裡，就是那裡，但我還是覺得在欺騙。

我吃光抹淨了另一盤微笑臉的班乃迪克蛋，同時也是他的得獎作品(如果這裡有這種獎項的話，一定會得獎的)，然後我們開往布拉佛海港，那是本島最南方的小鎮，只有兩千居民。這個禮拜以來，我不斷說明我至少要到史都華島，但是紐西蘭還是沒有任何人可以支援我的航行。微笑臉講了不少關於搭船嘔吐的故事，難受的程度讓他發誓再也不要上船了。由於我已經花了不少篇幅說過微笑臉是個天不怕地不怕的混蛋，你可想而知，他的故事讓我有多恐懼。

我們的渡輪票是由史都華旅遊公司(Stewart Island Experience，推特

帳號@StewartIslandEx)透過推特贊助的。我一開始誤把他們的渡船頭建築當作是個中等大小的郵局，因為他們的櫃檯人員坐在強化玻璃窗後，旁邊還有一疊一疊的宣傳單，還有一些老人漫無目的走來走去。他們當然是在等著搭渡輪，結果其實不是渡輪，而是一艘雙體船。

　　航程一路上算是十分平穩，至少根據當地人來說是如此，這些當地人看著觀光客在一個鐘頭的航行中，狀況越來越糟，免不了訕笑一番。這種感覺類似喝了龍舌蘭酒搭配生蠔後，騎在未馴服的野牛上。在佛凡海峽起伏航行了四十五分鐘後，我覺得我的膽囊好像被人猛踢了一回，當我們終於繞過崎嶇黑暗的海灣，在歐幫海港靠岸時，我只能彎著身，簡直要吐了。微笑臉扶著我下船，走在港口的木棧道上，前往瑞奇為我們安排的青年旅社。這段路程不過四百公尺而已，但是我的雙腿已經無法協調，我走到黑色碎石子路上，緊抓著我的內臟，我的頭和胃朝著相反的方向旋轉。我可以正式宣布暈船了，並且向早上才吞下的班乃迪克蛋打招呼。

　　到達幫克青年旅社後，我在小而美的房間內睡了幾個鐘頭，總算比較恢復了，於是我起床走到樓下的客廳。一個大火爐讓室內很溫暖，一、兩個背包客坐在椅墊上看書，同時晾著腳趾頭。我坐在充滿刮痕的橡木餐桌旁，好好看看這片被雨淋過的土地。這裡像是小說電影《侏儸紀公園：失落的世界》裡的場景，只是恐龍比較少。有幾條路上的房子都是低矮的一、兩層樓，一路延伸到海岸邊，除此之外都是未經開發或破壞的自然景觀。

史都華島，或者正式名稱為史都華島/拉奇烏拉(Stewart Island/Rakiura)，是我曾經到過最偏遠的地方。這裡盡是未開發的岩石群和動物群，幾乎和整個倫敦區一樣大，但是人口少了一萬九千倍。大部分居民住在島上唯一的小鎮，也就是東北邊的歐幫海港。這裡的電費比紐西蘭本島貴上五倍，因為電力主要是遊島上的柴油發電機所供應。而且，除了紐西蘭人外，其他人都無法使用手機通訊，因為這裡只有兩家電信公司在此架設基地台，而這兩家公司都不提供第三方的國際漫遊服務。

客廳裡患有關節炎的桌上型電腦是我和外界及推特聯繫的唯一管道，速度奇慢。無疑的從本島只接過來極少數老舊的電訊纜線，但這也無所謂了。我的旅程主要由推特上的善心人士和慷慨所驅動，而推特則是由人們所驅動的媒體。全世界有二十億人口使用網際網路，其中有兩百萬人使用推特。我算出這個比例，然後發現史都華島上的四百位居民沒聽過推特是十分正常的，更別說知道我是其中一個使用者。

所以，我能夠到達坎貝爾島的機會應該是溜走了。要在三十天內抵達六百公里外那個神祕的野外之地，表示我得在當天啟程出航才行，隨著天色變暗，我知道這一切都結束了。我很想打電話回家跟珍說這件事，因為她會跟我說我沒有失敗，我已經做了一件美好且獨特的事，而且她非常以我為榮，她甚至會激動落淚，但是我沒打。一個荷蘭來的背包客在一旁翻著CD，微笑臉在樓上睡到打呼，我則是孤獨一人。或許還有些微的機會可以坐飛機穿越海峽；還不能絕望，但是這些微的機率只能給我一點點的安慰。我咬咬牙，甩開這些想法，我讓大家失望了。

---

twitchhiker 現在人在史都華島的幫克青年旅社。一位荷蘭女孩在客廳裡選了經典搖滾樂播放，第一首就是「最

後倒數」(The Final Countdown，知名搖滾歌曲，由歐洲
樂團主唱)。結束就是開始。

3月27日晚上6:09

twitchhiker 夠了。找不到一張不跳針的CD，也不想再一
直重複聽「最後倒數」，所以只好聽LA的@patricktoneill
給我的CD。

3月27日晚上6:47

史都華島上，只有一家酒吧服務所有四百位居民，於是在週五晚
上，你可以在這裡看到其中一半的居民。南海飯店裡有了兩家酒吧和
一家餐廳，裝潢不是很現代，感覺很像坐在奶奶家的客廳。這裡不太像
酒吧，反而比較像是家庭派對，邀請了島上居民，還有一些困惑的觀光
客，穿著色彩太過鮮豔的防水衣。其中有友善且愛喝酒的當地人，當地
漁夫猛力拍打著彼此的背，交換著觀光客的故事，腳上仍然穿著過大的
威靈頓雨靴，和高領連身衣褲。隔壁的大廳進行著卡拉OK比賽，伴奏
的是個業餘鋼琴手，彈得丟三落四。他們不時發出吼叫聲和歡呼聲，坐
在隔壁的微笑臉和我，無法判別他們到底是支持或是討厭台上的歌唱
者。後來，好奇把微笑臉和我帶到隔壁，結果我們看到一個長得很像保
羅申恩(Paul Shane，英國演員)的紳士，正以「貧民窟」(In the Ghetto)的
曲調唱著「燃燒的愛」(Burning Love)，而且感覺不像是故意的。

當桌上擺著魚和薯條的晚餐時，我的胃因為作嘔和饑餓而疼痛。微
笑臉和我都覺得，隔天繼續待在史都華島的意義不大。如果我還有任何

機會可以向南行，我也應該是從英凡卡及出發，如果有人願意幫我開飛機，我也應該先到英凡卡及才行。

一旦我回到英凡卡及，我就必須等待，希望推特變出最後的魔法來。如果還是沒有消息，我也應該對於我能旅行這麼遠感到滿意了。我遇到許多慷慨的好人，看過的世界比很多人終其一輩子看過的地方還多，而且還為charity:water慈善機構籌募了這麼多款項。

透過部落格和推特我曾經提到，能夠抵達史都華島真的是一項偉大的成就，而且所有曾經支援過我的人都應該感到驕傲。對我個人來說，我心裡不免有一絲絲的遺憾，覺得我已經幾乎抵達終點了，卻被絆倒在最後一個柵欄。但是，我可以接受這樣的結局。我可以的。

Chapter 31

徹底打擊

第二十八天　3月28日星期六

我生病了，病得很重，很不幸的。即便我靜靜躺著，我還是覺得自己正在前後搖晃。我從浴室鏡子裡看到自己浮腫蒼白的臉，像是一具屍體的臉。

當我們往下走向渡船頭，打算在下午渡海時，史都華島飄著像英國一樣的毛毛細雨。海灣裡的海浪有著白色浪尖，刮著憤怒的海風。雖然一直處於冬天的天候之下，微笑臉的太陽眼鏡從來沒有離開過他的頭，如果不是掛在眼睛上，就是戴在頭上擋著他的一頭金髮。一直到我們抵達港口盡頭的木造屋，也就是渡輪站時，一陣風把他的眼鏡吹落到海裡去。

「他媽的，這副眼鏡可是花了我兩百塊美金，」微笑臉對著我厲聲

說。「海水應該沒那麼深，或許我應該跳下去撿。」

這聽起來不是什麼理性的行為，渡船頭的員工也這麼覺得。

「這附近會不會有人願意穿上潛水衣幫我撿一下？水應該不深的，我知道掉在哪裡。」

「抱歉，老兄，」櫃台後的職員回答，「我知道你的意思，但是船隻進進出出，我不能讓你下水去。」

微笑臉不願意接受這個回答，堅持那名職員跟他到外面，他可以確切指出太陽眼鏡掉落的位置。但是職員仍然堅持沒有人可以幫他。由於極度沮喪，微笑臉的行為失常了，他轉向我。

「你可以賠我對不對？」微笑臉問我。我的第一反應是，他不會在開玩笑吧。「這是這趟旅程的代價。如果我沒有帶你來這裡，我的眼鏡也不會掉。」

他不是在開玩笑。微笑臉一直在雨中帶著一副美金兩百元的太陽眼鏡，然後掉了，而且這都是我的錯。我盡量對他的提議一笑置之，希望他不再提起這件事，然後開始排隊上船。接著，一個念頭快速閃過我的腦袋角落；我還不能上船，還不行，如果史都華島真的是我旅行到離家最遠的地方的話。

「我馬上回來，」我跟微笑臉說，然後走出門外，走到碼頭邊，穿

過馬路，走進樹叢中。

「你在幹嘛？」微笑臉問，當我終於回到渡船的甲板上時。

我把手伸進口袋，拿出一塊平滑的灰色石頭，比我的手掌還小。

「這是月亮的一部分，」我說。

微笑臉看來很困惑。

「這是我的一個承諾。」我說。

一直有人告訴我，越過佛凡海峽的回程會比去程還要難捱。我本來沒把這警告當一回事，直到前一天我搭雙體船經過一個小時來到史都華島，才感覺到事情的嚴重性，這也讓我得以揣度一下回程的狀況。當船隻穿過相對平靜的海灣來到廣闊的大海，很明顯的，大家都快不行了。船隻起伏很劇烈，所以海平線常常會在眼前消失，取而代之的是灰色海浪形成的高牆。

這種無助而且無止盡的感覺，跟飛機遇到氣流的感覺很類似，只是韻律不同，這韻律不斷地拍打著船體。我撐了十分鐘後，終於拿起紙袋狂吐，一旁髮色已斑白的漁夫還在喝著啤酒，一邊說他們還遇過更糟的呢。真是去你媽的，漁夫先生，我先走一步。接著我蹣跚地走到廁所，幾乎把內臟都吐出來了。不像飛機氣流，只要飛機調整所在的緯度就能避開，船長什麼事也不能做，在抵達布拉佛前連緩衝一下都不行。航程將持續一個鐘頭，我和其他四名乘客不抱任何希望，因為做什麼都無法讓時間縮短，因為我們都忙著拿紙袋猛吐。

當雙體船終於減速要接近陸地，起伏的海浪也逐漸平靜，我的內在已經被掏空了。我對難過的感覺已經感到厭倦，肚子餓但又沒有胃口，疲倦但又非常清醒。我受夠了坐船，反正沒有船可以及時載我到坎貝爾

島，所以我不如讓船兒好好拋下錨來歇會兒。一個航海小笑話博君一笑。

「發現紐西蘭」幫我和微笑臉在英凡卡及的迪伊街上，預訂了吐他拉旅館的一晚住宿。這裡無疑是我在紐西蘭南方住過最印象深刻的旅館，跟巴黎的聖克里斯多福旅館相當。櫃檯接待區設有咖啡廳，寬敞的座椅。房間是又大又乾淨的套房，員工對於我們的來來去去也很輕鬆應對。我的來到主要是去上床睡覺，試圖導正令人痛苦的暈頭轉向。

從我在島上短暫的停留回到本島來，表示兩件事情。一是充足的上網服務，二是穩定的手機通訊。而前者為我帶來了一個好消息：

---

flyairnz @twitchhiker – 我們將提供機票送你回家！

3月28日晚上5:37

紐西蘭航空的喬，也是我們在奧克蘭的酒窖派對的客人，替我安排了奧克蘭飛倫敦的單程機票。謝謝你謝謝你謝謝你。我一直偷偷希望有人可以贊助我機票回英國，但沒想到真的有。而且關於回家這件事，我沒有錢，也沒有備案；或許備案就是，我再用推特背包客的方式回家。

「我等不及要趕快讓你回家了，老公！」當我在Skype上向珍報告近況時，她說，兩個男孩黏在她旁邊微笑、咯咯笑鬧、揮舞雙手。

「我知道！」我說。「我會在妳發現以前就到家了，老婆。」

自從我們結婚以後，我們就叫彼此老公、老婆(Husband、Wife)。這等於我們的暱稱，非常地平鋪直敘。

「對了，我們要告訴你一個消息，對吧孩子們？」珍說。

從視訊鏡頭下方，一顆小小的毛球睜著像月亮一樣圓的眼睛慢慢出現，發出尖銳破碎的喵聲。

「我叫她黛西，」傑克開心地說。

我覺得愛麗才去世沒多久，不過她已經病了好幾個禮拜，家裡又少了點什麼，有點空虛寂寥。

我穿過街到我們的露營車，油煙從屋頂冒出，微笑臉正在準備墨西哥捲餅當晚餐。他對於掉了太陽眼鏡的事還是耿耿於懷，車裡還是氣氛有點怪。

「反正車子壞了你要報帳修理，你可以順便幫你的伙伴微笑臉買一副新的太陽眼鏡！」雖然他說的時候滿臉微笑，但是這件事已經開始造成緊張的壓力。在島上時我就收到瑞奇的電郵說，我開露營車有全額保險，所以我不需要自掏腰包付賠償金。

「那真是好消息，老兄，」微笑臉說。「所以你只要付太陽眼鏡的錢就好了！」

在我們坐下來吃墨西哥捲餅時，我試圖改變話題，並盡量讓自己不要被激怒。我已經環遊了整個世界，至今尚未和我的贊助者惡言相向過；這可能比完成這趟旅程還要了不起。

我留下微笑臉繼續為他心愛的太陽眼鏡哀悼，然後過街走到史貝茲酒吧，這是一家在迪伊街上，也在我的青年旅舍隔壁的酒吧。英凡卡及

當地有幾個推特客，所以我們約好當晚要碰面。這次的聚會有點詭異，除了當地人和毛利人，還有人穿著蘇格蘭裙來參加。蘇格蘭裙。在紐西蘭。他們肯定不是蘇格蘭人，這也不是個婚禮，但是根據我稍後抵達的推特朋友，如果他們不是來自蘇格蘭高地，那他們有可能宣稱自己有蘇格蘭血統。其實早在十九世紀，這個國家最早的歐洲移民當中，有不少是來自蘇格蘭。南島西岸的但乃丁，就是蘇格蘭蓋爾語的愛丁堡。風笛和大年夜對於英凡卡及的居民來說並非異國傳統，蘇格蘭口音對他們也並不陌生；我在酒吧認識的朋友並沒有高地口音，但是遇到操有強烈蘇格蘭口音的當地人和家庭，卻一點也不稀奇。

在史貝茲的這個夜晚很平靜，不是鬧哄哄的，但是大家聊天的內容很有水準也很有娛樂性；凱倫史密斯(推特帳號@kezasmith)是當地觀光局的員工，她和朋友一起來。朱利安(推特帳號@Julznova)是在當地讀科技的學生，也帶了一個朋友過來。經過一晚的聊天，他們證實，南島一帶推特的使用並不普及；比起奧克蘭、威靈頓、和基督城來說，使用者少很多。朱利安可能是這個城市裡最活躍的使用者，而且他知道有在用推特的人只有一打左右。

然後是一絲希望的出現。當我們聊著天，忽然發現朱利安的朋友安德魯是個飛行員。一個飛行員。

等等。

「對啊，有飛機飛到史都華島，」在一片蘇格蘭紐西蘭人的喧嘩聲中，安德魯在我們的身後大聲說。

我正在和一位來自英凡卡及的飛行員說話，他專門開私人飛機進出這座城市。機會有多大呢？這就是了，這就是快樂的結局，這就是那個完美的弓，在我覺得有可能失敗的時候，把所有你知道會發生的事都綁

在一起。你從來沒有懷疑這一刻終究會發生，從來沒有，對吧？感謝你對於這趟不可思議的旅程如此充滿信心。

「但是這就是你能飛到最遠的地方了，」安德魯說。「就算可以飛遠一點，你也不會想坐上那架飛機，因為佛凡海峽上的氣流對小飛機的衝擊比渡輪還嚴重。大部分乘客在他們二十分鐘的飛行航程中，都在不停尖叫。」

結束了。

要不是有很好的理由，船隻都不敢出海。要不是失心瘋，飛行員也不敢飛。根本沒有任何方式可以達到我的目的地，去到我在兩個月前從Google地圖上發現的小黑點。

我的挑戰在那天稍早就結束了，在我從史都華島度過佛凡海峽時就結束了。我距離東北方的英國18,848公里遠。我在二十八天內從新堡旅行到最遠的地方，要再遠也不可能了。結果我也沒有感到痛苦或心碎，也沒有眼淚或怨恨的嘆息，只有對於推特一直以來的美好支持感到安慰。我該回家了，回家和我的家人團聚。

Chapter 32

歡迎把拔回家

微笑臉和我決定不在英凡卡及過第二夜，我們打算往北到皇后鎮。旅行規則容許我們再待一天，但是這個城市不甚有趣，無法說服我不該往家的方向前進。如果地理上可以讓坎貝爾搬到離本島近一點的地方，如果一位神秘又擁有私人飛機的慈善家出現，那我們就可能轉回頭好好利用，不過這樣的機率幾乎是微乎其微。

從英凡卡及開往皇后鎮的一路上很安靜，但是美景無邊。當我們開到瓦卡提瀑湖的東岸時，我試著拍攝令人震懾的湖景，不過後來我乾脆收起相機，沉醉在迷人的景色之中——我無法捕捉湛藍湖水的美麗和沉靜，還有湖面之上動人的山谷景色。如果各國政府花錢讓她的國民可以到紐西蘭玩上一、兩週，而非把錢花在核武上，我相信這個世界一定會是個更為平靜的地方。

「你想在皇后鎮待一個晚上嗎？」微笑臉問我。我說不太想。這裡的白天看起來是平靜多了，靜靜延伸至瓦卡提瀑湖的岸邊，而夜間出沒的生物在此時則忙著從事極限運動，從起重機或飛機上跳下來。我已經

準備好要回家了，我想我的家人想到心痛。紐西蘭航空的喬提供我當晚
從皇后鎮飛往奧克蘭，我沒有理由不接受。

「好吧，我可能因為你而丟了我的太陽眼鏡，但是我替你準備了臨
別禮物。」微笑臉說。

微笑臉在皇后鎮機場停下車，走到露營車後面，搜著他的衣服袋。

「給你，」微笑臉說，一面把一件破舊的黑色髒T恤塞到我的手
中。「一件司機的POLO衫。這可是好東西，不過需要洗一洗。」

我沒有東西可以送他。禮物交換的儀式早就中斷了，我最後收到的
禮物是娜瑞爾交給我的玻璃地球。

「我也有東西要給你！」我也走向後方打開我的行李袋。袋子裡是
一個月以來累積的票根、房門鑰匙、票券、髒內衣褲(從洛杉磯以後我
就沒洗過衣服了)。一定有什麼東西是可以拿來當禮物的。有了，太陽
能充電器，我帶著它走遍世界，但卻一次也沒用過。

「等到你有機會用它時，你就會發現你多麼需要它，」我說，我把
東西推銷給他，希望他不會再提起太陽眼鏡的事。

當我把充電器交給他時，微笑臉真的滿臉微笑。我向他解釋，無論
走到哪裡，他的手機都可以充電了。我覺得有勝利的感覺。我們握手後
擁抱；這可是始料未及的，畢竟我們之間存在著緊張的裂痕。

「路上小心了，老兄，」當我過馬路走向出境大廳時，微笑臉開心
說著。「如果你下次來，需要司機的話，找我就對了。」

@

接下來，我花了兩天回到英國家中。奧克蘭的天空城飯店提供我最後一晚的五星級豪華住宿；由於我經歷了一個禮拜住在青年旅舍、露營車、坐渡輪等等連埃尼斯伯奈(Ernest Borgnine，美國知名演員)都無法忍受的待遇，還遇到像小馬一樣大的蟑螂，所以我不打算拒絕他們。

當我在推特上宣布我的旅程結束，還替charity:water多募得了好幾百塊英鎊的善款，恭賀的推文從世界各地蜂湧而來，包括來自陌生人和朋友、新朋友和舊朋友。當我還在天空城飯店時，梅兒的一張卡片，把我所有認為旅程失敗的殘餘想法一掃而空：

> 我一直希望且夢想，我們人與人之間存在著深厚的愛，且彼此緊緊相連。你的創舉證明了我的夢想是真實的。推特以前所未有的方式，打破了社會上的重重阻礙。我很榮幸你經由這個方式造訪了我的國家，也認識了我的國人，這些人將永遠成為你的朋友。
>
> 回程請一路小心。要堅強，要持續往前進。我很快會再與你相見。
>
> 梅兒

紐西蘭航空安全地把我從奧克蘭帶到倫敦，中間在洛杉磯轉機。透過推特，我的多年好友保羅和蓋兒贊助我最後一段行程，替我省下五個鐘頭車程，讓我搭飛機回到英國東北邊。當我一路繞著地球回家，全國性的報紙報導了我的刺激旅程，郵報和太陽報則只是小幅報導，說我只是另一個幹了特別的事想來搏版面的怪胎。地方報紙和電視台急著想知

道我人在哪裡，什麼時候回到家，他們想要過來採訪。

　　我沒有讓他們知道我的行蹤。我躲著推特，誰的來電也不回；我回家之後沒有人知道我人在哪裡。沒有人可以阻止我趕快回到家人的身邊，事實上也沒有人辦到。當我走出地鐵站，看到等著我的全家人，我不禁喜極而泣，然後開心的笑了，然後又開始哭了一個月的分量。當珍和孩子們向我飛奔而來，我不知道要先擁抱誰，所以我把他們全都抱在一起，一個都沒有漏掉。我的天哪，我的家人！我旅行了整個地球，才發現一路以來一直在家等著我的到底是什麼。

　　家裡看起來有點奇怪，好像沒有改變，但就是感覺不一樣，就是當你每次離家一陣子之後的那種感覺。對面公園裡的樹又更綠了，春意盎然。附近有一間房子打算出售，隔壁鄰居買了一輛新車。從前門看進去，幾個背包被丟在走廊上，家裡的味道又熟悉起來，充滿歡迎之意。傑克和山姆把我帶到客廳左邊，整個窗戶都貼上了海報，二十張A4大小的紙張被黏在一起，上面寫著大大的「歡迎把拔回家」，下面還畫了一個我站在地球上面，紐西蘭被放在福克蘭島的位置，英國看起來和非洲一樣大，雖然如此，一切都很完美，我很開心。

　　當我在奧克蘭降落時，如果你問我是不是打算向史都華島妥協，不再繼續前進，我會告訴你決不。而且，如果你跟我說，我連從遠方船上眺望坎貝爾島的機率幾乎是零，我也會生氣地搖頭。但是幾個禮拜以來，很失望，不過顯而易見，史都華島會是我的終點站。

　　在旅程的每個階段，總是會有某個里程碑自然出現，一股無法抗

拒的力量總是會從推特無盡的支持而來。但是，當我抵達紐西蘭南島之後，這股向前的力量開始消退。推特上的活動開始慢下來，推文的轉發也停止了。為什麼好像在關鍵的時刻我反而停頓了？時間上早了英國十三小時，表示我失去了家鄉的支持，因為我的白天行程進行時，大部分的人正在睡眠當中。疲乏似乎也是一個因素——我已經宣傳推特背包客兩個月之久，或許大家幫著我搖旗吶喊，也覺得累了。

由於南島缺乏網路服務和手機通訊，所以那段頗長的期間我幾乎處於失聯狀態。在一個幾乎和英國加上威爾斯一樣大的島上，卻只有五十分之一的人口，過多的通訊基礎建設其實也是多餘。所以，在旅程的最後幾天，我想要努力推文，但是礙於網路限制，能做的實在有限。推特本身似乎沒有辦法幫助我達到終點；它是一個連結，可以分享我環遊世界所集結的社群，一直到最後那幾天。我不應該覺得太意外，因為即便是虛擬社群，也需要透過具體行動才得以存在。

所以，我並沒有看到坎貝爾島，但是在我回到家後，這一點也不重要了。我的目標是在三十天內旅行到離家盡可能遠的地方。抵達史都華島，表示我已經到了一個大多數紐西蘭人都不曾到過的地方，更不用說世界上的其他人了。我為charity: water募得的慈善款項總數是五千馬克，他們還得到全世界的媒體宣傳。史考特和他的團隊將會妥善運用這筆款項，幫助發展中國家的社區。

對我個人來說，我見識了這個世界，證明這世界上不是只有強暴犯和混蛋，而且數以千計的人們和我一起經歷了這段旅程。推特也清楚證明了，它不僅只是個社群網站，也是一個由使用者定義的基礎服務，可以被運用來改變人類的生活和期望，分享並強化獨特的經驗和想法。

推特背包客計畫無疑也證明了，人類的善意是無遠弗屆的，群眾的

力量可以被無限放大，遠遠超越個人的力量，而社交媒體雖然以網路的方式開始，但是如果我們需要時，它也能整合實體世界的力量。

當初我站在特易購賣場，幾乎要把弓箭瞄準那些白癡購物者，到現在一年以來，沒有人有過類似的計畫。推特背包客是個無與倫比的創舉——不只是對我個人而言，對於一路上那許多扮演好的撒馬利亞人(聖經裡好心的路人)，還有數百位捐款人、數千位在推特上的支持者而言也是如此。無庸置疑，推特背包客的經驗是獨一無二的、特別的，也是真實的。

尾聲，謝謝你們！！

這本書代表了世界上數千人的心血。雖說如此，封面上也放不下所有人的名字，而且每個人可以分到的版稅也會少得可憐，所以我就替大家概括承受所有的功勞吧！不過，除了我在書中提及的人以外，還是有些人值得我特別提出來感謝的。

首先，有幾位音樂人，大部分都還在世。他們的音樂在我四個月的瘋狂打字中陪伴我。有些歌曲在書中已經出現過了，以下是在幕後出現的歌曲清單：

'Will You Follow Me?' —— Rob Dougan

'Wichita Lineman' —— Glen Campbell

'Feel Every Beat' —— Electronic

'I Will Possess Your Heart' —— Death Cab for Cutie

'Invaders Must Die' —— The Prodigy

'This Too Shall Pass' —— OK Go

'God Only Knows' —— The Beach Boys

'I'm Not Calling You a Liar' —— Florence & The Machine

'Won't Get Fooled Again' —— The Who

'Go With the Flow' —— Queens Of The Stone Age

鮑伯督更(Bob Dougan)贏得頭號感謝,因為我們在推特上追隨彼此,有時候還會聊聊各種突發的瑣事。他在推特的帳號是@robdougan。順帶一提,他的音樂非常具啟發性。

接下來是幾位參與推特背包客計畫的推特客,由於行文力求簡潔,或只是出於懶惰,所以我沒有在書中提及:WorldNomads.com旅遊保險網的克利斯諾柏(@worldnomads),提供我旅程中的保險;詹姆斯帕頓(@jamesparton)和@O2Litmus提供手機服務的支援;艾斯泰麥當勞(@alistair)扮演了關鍵且神祕的角色;奧克蘭TBWA\Whybin的安迪布拉德(@TheBloodster)及其團隊;派迪西麗(@paddyslacker)提供了關於茶的笑話。

還有誰呢?道格拉斯亞當斯和羅伯蘭金,這兩位擅長說故事的好手,負責激勵我寫作,從書中可以明顯看出他們對我的影響。此外,在我試圖假裝自己是個作家時,以下是那些持續鼓勵我的人,我也必須感謝他們:保羅卡特、肯史諾頓、尼爾戴夫、傑森狄恩、保羅尼可、凱文約博、保羅卡爾、以及安迪道森。

我所有這些塗塗寫寫,需要有人將之塑造成形,為此我必須感謝我在桑莫戴爾出版社的編輯露西約克和珍妮佛巴克里。這本書得以存在,則要感謝我的經紀人芭芭拉里維及她的團隊。

話說回來,有三位朋友是我虧欠太多的,或者說什麼也不欠,視我

的心情而定。強克比、凱麗史考特，以及安卓泰勒。謝謝你們多年來對我的照顧。對於我搞砸了很多事，多到我自己也數不清，我也感到非常抱歉。

最後，如果沒有爸媽和兄弟給我的愛和關懷，也不會成就今天的我。如果沒有我的家人——珍、傑克和山姆，我也沒有勇氣度過重重難關。容我借用REM(美國知名搖滾樂團)的歌詞——這一切都是為了你們，你們就是我的全部。

保羅‧史密斯
Paul Smith

推特背包客——我運用社群網站環遊世界
Twitchhiker : how one man travelled the world by Twitter

作　　者	保羅·史密斯(Paul Smith)		**旅行教室 006**
譯　　者	蘇皇寧		

總 編 輯　　張芳玲
主　　編　　徐湘琪
美術設計　　林惠群

太雅出版社
TEL：(02)2836-0755　FAX：(02)2831-8057
E-MAIL：taiya@morningstar.com.tw
郵政信箱：台北市郵政53-1291號信箱
太雅網址：http://taiya.morningstar.com.tw
購書網址：http://www.morningstar.com.tw

發 行 所　　太雅出版有限公司
　　　　　　台北市111忠誠路一段30號7樓
　　　　　　行政院新聞局局版台業字第五〇〇四號

承　　製　　知己圖書股份有限公司　台中市407工業區30路1號
　　　　　　TEL：(04)2358-1803

總 經 銷　　知己圖書股份有限公司
　　　　　　台北公司　台北市106羅斯福路二段95號4樓之3
　　　　　　TEL：(02)2367-2044　FAX：(02)2363-5741
　　　　　　台中公司　台中市407工業區30路1號
　　　　　　TEL：(04)2359-5819　FAX：(04)2359-5493
　　　　　　郵政劃撥　15060393
　　　　　　戶　　名　知己圖書股份有限公司

廣告刊登　　太雅廣告部
　　　　　　TEL：(02)2836-0755　E-mail：taiya@morningstar.com.tw

初　　版　　西元2011年08月01日
定　　價　　330元

**（本書如有破損或缺頁，請寄回本公司發行部
更換，或撥讀者服務專線04-23595819）**

ISBN　978-986-6107-23-8
Published by TAIYA Publishing Co.,Ltd.
Printed in Taiwan

國家圖書館出版品預行編目(CIP)資料

推特背包客：我運用社群網站環遊世界
/ 保羅.史密斯(Paul Smith)作；蘇皇寧譯.
-- 初版. -- 臺北市：太雅，2011.08
面；　公分. -- (旅行教室；006)
譯自：Twitchhiker : how one man
travelled the world by Twitter
ISBN 978-986-6107-23-8(平裝)

1.自助旅行　　2.世界地理

719　　　　　　　　　　　100013017

這次購買的書名是：

推特背包客 (旅行教室 006)

* **01** 姓名：＿＿＿＿＿＿＿＿＿　性別：□女 □男　生日：民國＿＿＿＿ 年

* **02** 您的電話：＿＿＿＿＿＿＿＿＿＿＿＿＿

* **03** E-Mail：＿＿＿＿＿＿＿＿＿＿＿＿＿

* **04** 地址：□□□□□＿＿＿＿＿＿＿＿＿＿＿＿＿

05 您的旅行習慣是怎樣的：
□跟團　□機＋酒自由行　□完全自助
□旅居　□短期遊學　□打工度假

06 您的旅行預算每次通常控制在多少金額(新台幣)：
□20,000以內　□20,000～35,000　□35,000～50,000
□50,000～70,000　□70,000以上

07 您通常規劃多少天數的旅行：
□3～4天　□5～6天　□7～10天　□2週
□1個月　□45天左右　□2個月以上

08 您最近3次前往旅行的地方分別是(空格處請填寫城市)：
□台灣＿＿＿＿　□日本＿＿＿＿　□韓國＿＿＿＿
□中國大陸＿＿＿＿　□美國＿＿＿＿
□加拿大＿＿＿＿　□歐洲＿＿＿＿　□東南亞＿＿＿＿
□紐西蘭＿＿＿＿　□澳洲＿＿＿＿　□度假小島＿＿＿＿
□其他＿＿＿＿＿＿＿＿

09 您通常跟怎樣的旅伴一起旅行：
□父母　□另一半　□朋友2人行　□跟團
□親子　□自己一個　□朋友3～5人

10 在旅行過程中最讓你困擾的是：
□迷路　□住宿　□餐飲　□買伴手禮
□行程規劃　□語言障礙　□突發意外

11 您需要怎樣的旅館資訊：
□星級旅館　□商務旅館　□一般旅館　□民宿
□青年旅館　□搭配機票套裝行程的旅館

12 你覺得本書還有哪些資訊需要加強會更好：
□行程規劃　□景點　□住宿　□購物逛街
□餐飲　□貼心提醒　□地圖　□教戰守則

13 本書什麼資訊讓你滿意、覺得貼心：
□行程規劃　□景點　□住宿　□購物逛街
□餐飲　□貼心提醒　□地圖　□教戰守則

14 您對本書規格的感覺是：
□太厚　□尺寸太大　□剛好　□字體閱讀不便
□太重　□尺寸太小　□完美

15 計畫旅行前，您通常會購買多少本參考書：＿＿＿＿＿本

16 您最常參考的旅遊網站、或是蒐集資訊的來源是：
＿＿＿＿＿＿＿＿＿＿＿＿＿

17 您習慣向哪個旅行社預訂行程、機票、住宿、或其他旅遊相關票券：
＿＿＿＿＿＿＿＿＿＿＿＿＿

填表日期：＿＿＿年＿＿＿月＿＿＿日

讀者回函

掌握最新的旅遊與學習情報，請加入太雅出版社「旅行與學習俱樂部」

很高興您選擇了太雅出版社，陪伴您一起享受旅行與學習的樂趣。只要將以下資料填妥回覆，您就是「太雅部落格」會員，將能收到最新出版的電子報訊息！

填問卷，送好書

凡填妥問卷(星號＊者，必填)，前1,000名寄回、或傳真回覆問卷讀者，即可獲得太雅出版社「Hands生活手創」系列書籍《一對》或《迷你》一本。

活動時間為2011/01/01～2011/12/31，寄書先後順序以郵戳為憑。

二選一，請勾選

□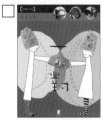

□

太雅部落格
http://taiya.morning
star.com.tw

(請沿此虛線壓摺)

| 廣　告　回　信 |
| 台灣北區郵政管理局登記證 |
| 北 台 字 第 １２８９６號 |
| 免　貼　郵　票 |

太雅出版社　編輯部收

台北郵政53-1291號信箱
電話：(02)2836-0755

傳真：**(02)2831-8057**

(若用傳真回覆，請先放大影印再傳真，謝謝！)

(請沿此虛線壓摺)

太雅出版社

太雅部落格 http://taiya.morningstar.com.tw

有 行 動 力 的 旅 行 ， 從 太 雅 出 版 社 開 始

(請沿此虛線裁剪)